Et si on remontait dans l'arbre ?

Déjà parus aux Éditions La Mer Salée

La Nouvelle Controverse, pour sortir de l'impasse –
Yannick Roudaut, mai 2013

L'Utopie, mode d'emploi –
Sandrine Roudaut, avril 2014

La Métamorphose bretonne –
Hervé Sérieyx, Franck Delalande, octobre 2014

Marketing, les illusions perdues –
Florence Touzé, mars 2015

ISBN – 979-10-92636-08-6
www.lamersalee.com
contact éditeur: contact@alternite.com

Tristan Lecomte

Et si on remontait dans l'arbre ?

Éditions La Mer Salée

L'auteur

Tristan Lecomte est un homme atypique. Diplômé de HEC, il a commencé sa vie professionnelle chez L'Oréal avant que sa vocation ne reprenne le dessus. Entrepreneur social par nature, il prend un virage en 1998 : il fonde Alter Eco, un des leaders du commerce bio et équitable en France, également présent aux États-Unis et en Australie. « Serial Entrepreneur » et amoureux des arbres, il décide de se lancer dans une nouvelle aventure en 2008. Il fonde Pur Projet, un collectif qui aide les entreprises à intégrer les problématiques de durabilité dans leurs filières, notamment par la régénération des écosystèmes dont leurs chaînes d'approvisionnement dépendent, et ce en participant notamment à des programmes de reforestation ou de préservation. Vivant une bonne partie de l'année dans sa ferme en Thaïlande, Tristan expérimente de nouvelles pratiques agricoles tout en continuant à fréquenter les grands rendez-vous économiques internationaux, les sièges de multinationales engagées et les communautés de petits producteurs.

Il partage son engagement et son enthousiasme lors de séminaires ou de conférences, ainsi que dans divers ouvrages : *Le Défi du commerce équitable* (Éd. d'Organisation, 2003), *Le Commerce équitable* (Eyrolles, 2004), *Le Commerce sera équitable* (Éd. d'Organisation, 2007) et *Comment je suis devenu plus humain* (Flammarion, 2011). Il écrit et produit des documentaires sur le développement durable pour la télévision française (France 5 et Ushuaïa TV).

Tristan est également membre du conseil d'administration de la Fondation Chirac pour la paix, ancien du programme de la Kennedy School de Harvard sur le leadership mondial et la politique publique. Il a été désigné comme « Young Global Leader » par le Forum économique mondial de 2008, « Fellow Ashoka » et « Time 100 » en 2010, et, plus récemment, « Entrepreneur social de l'année 2013 » par la Fondation Schwab.

Aux entrepreneurs sociaux et aux arbres.

REMERCIEMENTS

À tous les petits producteurs agricoles du monde entier. Pour leur exemplarité. À la nouvelle génération d'entrepreneurs sociaux qui bousculent toutes les règles et montrent qu'un nouveau monde est en marche.

À Sandrine et Yannick Roudaut ainsi que Jean-Philippe Agnese, pour leurs corrections et précieux ajouts.

Avant-propos

Planter des arbres et éviter la déforestation vont bien au-delà d'un geste économique, social et environnemental, c'est un acte fondamental qui nous relie directement à la beauté du vivant et à la magie des interdépendances de la nature. L'arbre existe depuis 350 millions d'années, c'est un être complexe, évolué dont nous avons tout à apprendre

Mon engagement au travers d'Alter Eco puis Pur Projet

Tout ce qui est écrit dans ce livre est issu d'observations, de rencontres de terrain et de témoignages vécus. Depuis 1998, je passe la moitié de mon temps au sein de filières agricoles, marines et minérales, partout dans le monde, y développant des projets en commerce équitable, agriculture biologique, agroforesterie, climat, audit social, etc. Tout cela en partenariat direct avec des petits producteurs agricoles. Les projets sont généralement financés par des entreprises, et nous faisons le lien entre les fermiers et celles-ci.

Je n'ai aucune prétention, si ce n'est celle de vouloir partager ces expériences et ces observations avec vous, car, à mon sens, elles sont convergentes, inspirantes, productives et elles peuvent nous aider à vivre mieux, en harmonie avec la nature et avec nous-mêmes. Ces mêmes expériences contribuent également à résoudre nombre d'enjeux auxquels nous devons faire face: des enjeux économiques, sociaux et environnementaux. Au cœur de ces expériences, il y a l'arbre.

Actuellement, avec Pur Projet[1], nous gérons 155 sites de plantations dans plus de 30 pays. Plus globalement, nous sommes plongés au cœur des enjeux de ce qu'on appelle au sens large le développement durable, aux côtés de multiples autres parties prenantes (ONG, entreprises, entrepreneurs sociaux, société civile, politique…) qui tentent d'apporter une partie de la solution. Ceci nous met dans une position privilégiée pour observer et analyser le changement de société auquel nous participons actuellement, et les leviers qui vont permettre de l'accélérer.

En 2011, nous avons acheté une petite ferme de 4 hectares, dans le nord de la Thaïlande, dans la région de Chiang Mai: la «Pure Ferme»[2], pour en faire un projet pilote. Au départ, ce n'était qu'une rizière, rien d'autre. Le sol était totalement dégradé et sec, très pauvre en matière organique, avec de l'érosion: une terre presque morte d'avoir été trop labourée et abondée en produits chimiques, une terre asséchée par le manque d'ombrage et de couverture du sol, une terre sans arbres. Une terre qui n'avait produit que du riz, parfois du soja, sans discontinuer pendant plus de 30 ou 50 ans. Rien d'autre. D'où ce résultat… Imaginez que tous les docteurs du monde occidental nous conseillent de ne plus nous nourrir que de pâtes ou de riz. Juste cela, jusqu'à la fin de notre vie. Et ce, en nous assurant qu'ils pallieront nos carences et nous immuniseront contre les maladies grâce à des compléments alimentaires et des médicaments synthétiques, que l'on peut vivre ainsi, d'une

1. http://www.purprojet.com/fr/index
2. http://www.purprojet.com/fr/projet/pure-farm/

manière moins coûteuse, et plus productive. Ne penseriez-vous pas qu'ils sont devenus fous? Si vous ne mangez que des pâtes et du riz, vous allez forcément tomber malade: ce n'est pas un régime équilibré. Quelle autre logique peut-on y voir que celle de vendre des médicaments, toujours plus de médicaments? Ce n'est qu'une réduction de la vie à une monotonie absurde.

Et pourtant, ce scénario est celui que nous avons vécu après la Seconde Guerre mondiale, avec le développement de l'agriculture intensive et monoculturale. On a «rationalisé», perdu un grand nombre de variétés et même d'espèces, coupé des haies et rasé les arbres pour cultiver en monoculture à grand renfort d'engrais, de pesticides chimiques et d'engins mécanisés, pour faire vivre artificiellement une agriculture «hors sol». Des pratiques déconnectées de la nature, afin de pouvoir la dominer et l'orchestrer à grand renfort de produits pétrochimiques.

En considérant comme possible de nourrir la terre seulement d'une ou deux céréales et de compenser avec des produits de synthèse, quel sens cela a-t-il?

Vous l'aurez compris, il est temps de se réconcilier avec la nature, pour notre propre bénéfice. C'est là tout l'esprit de Pur Projet, un collectif d'entrepreneurs sociaux que j'ai cocréé. Ensemble, nous développons des projets de transition agroécologiques, à grande échelle, en partenariat direct avec les communautés locales. Et c'est en partie grâce à l'agroforesterie que nous le faisons.

L'agroforesterie[1] ? Basiquement, il s'agit de planter des arbres au milieu des champs et des élevages: un renforcement de la

1. Animation sur l'Agroforesterie: https://www.youtube.com/watch?v=GnJovMhmDFE
Association Francaise d'Agroforesterie: http://www.agroforesterie.fr/index.php, Presentationd'AlainCanet,Presidentdel'Association:https://www.youtube.com/watch?v=_qPrgF2aqCg
Centre International d'Agroforesterie: http://www.worldagroforestry.org/

diversité des espèces présentes qui active les interdépendances entre elles, chacune participant ainsi à la création de la biomasse (l'ensemble des matières organiques), avec pour conséquence une intensification de la productivité agricole. Pourquoi? Parce que, fondamentalement, la nature est faite d'interdépendances, de coopérations et de complémentarités. Occulter cela, c'est n'avoir rien compris à son fonctionnement. Et c'est se priver d'une bonne partie de la solution.

Avec Pur Projet, nous participons à remettre de la diversité dans les champs pour le bénéfice des fermiers et de leurs écosystèmes. Nous assistons ainsi environ 10000 petits producteurs agricoles dans une trentaine de pays, soucieux de cette transition. Depuis 2008, nous les avons aidés à planter près de 5 millions d'arbres dans leurs propres champs et au sein de leurs communautés. Nous en avons 15 à 20 millions en commande d'ici 2020, et nous participons à la conservation de 400000 hectares de forêt primaire en Amazonie. Plus globalement, nous développons des méthodologies de transition agricole et de valorisation des services écosystémiques générés par ces modèles agroforestiers.

Comment produire plus avec moins d'intrants? La réponse se trouve dans la diversification, celle d'un écosystème agricole auto-immun et autoalimenté. Combiner plantes, arbres et élevage d'animaux, c'est la promesse d'un véritable jardin d'Eden, viable, loin de toute utopie puisque correspondant au modèle de nombre de cultures traditionnelles. L'omniprésence des chants des sirènes de la «révolution verte» en a éloigné nos sociétés industrialisées, mais un grand nombre de petits producteurs à travers le monde ne l'ont jamais quitté, et d'autres y reviennent en innovant.

Ce sont ces pratiques que nous valorisons avec Pur Projet et dont nous favorisons le déploiement partout dans le monde. Nous ne réinventons rien, nous ne faisons que valoriser les réalisations de fermiers visionnaires. Nous les aidons à dupliquer leur modèle. Ils sont souvent leaders dans leurs communautés et ils gagnent à être connus, pour le bénéfice de tous : de leurs pairs, mais aussi de nous tous sur la planète, qui pouvons bénéficier de leurs connaissances. Elles peuvent nous aider à nous rééquilibrer dans notre rapport à la nature et nous fournir des produits plus sains et plus savoureux.

Avec Pur Projet, nous sommes à leur service ainsi qu'à celui de tous les consommateurs et citoyens. Pas donneurs de leçons, mais plutôt (r)apporteurs de ces solutions pratiques à partir de leur expérience et de leurs visions. Nous sommes aussi des sortes de plombiers face au changement climatique, des pompiers face à la déforestation. Notre rôle est de les soutenir et de les accompagner, pour parvenir à des niveaux de productivité égaux ou supérieurs à ceux de l'agriculture conventionnelle, tout en ayant une influence positive sur l'environnement.

Comme nous le verrons, les arbres nous sont essentiels. Les enjeux auxquels nous sommes confrontés sont énormes. 10 millions d'arbres sont coupés chaque jour, et nous, avec Pur Projet, nous n'en avons planté que 5 millions… en 8 ans. Soit une demi-journée moyenne de déforestation « compensée » par 8 années de travail. Sans compter que ce que nous replantons, uniquement des petits plantons de 30 cm de haut, n'a rien à voir en terme de taille avec les arbres coupés d'une forêt primaire par exemple. Notre ambition est de développer ces projets à très grande échelle : l'agroécologie, l'agroforesterie, la compensation intégrée. Et changer le monde.

À ce jour, nos moyens et résultats sont encore insignifiants face aux enjeux. Il faut trouver les leviers pour changer d'échelle. D'où la nécessité de communiquer et de faire savoir qu'il est possible d'agir avec la nature et que c'est même l'unique solution durable et désirable, pour notre société et pour nous-mêmes.

Pour convaincre les décideurs que la transition est bénéfique pour tous, il faut leur prouver avec des chiffres que ces modèles sont plus productifs, stables et rentables que l'agriculture conventionnelle, sinon, le changement à grande échelle n'aura pas lieu. Aussi, tout cela n'est possible qu'avec le concours des entreprises. Et elles sont de plus en plus nombreuses à en prendre conscience, à souhaiter encourager l'évolution de ces modèles agricoles, notamment pour réduire leur propre empreinte et accompagner la transition de leurs filières vers des modèles plus durables et plus performants. Elles s'engagent alors dans une démarche de progrès, depuis la mise en conformité des filières jusqu'à un échelon d'excellence socio-environnementale, qui profite à toutes les parties prenantes et qui les valorise.

Revenons maintenant en arrière : que pensez-vous du régime à base de pâtes, riz et compléments chimiques, au regard d'une alimentation saine, diversifiée, issue des pratiques d'agriculture précédemment évoquées, toutes écologiques et productives en quantité? Quel est votre choix en tant que consommateur? En tant que fermier? Et pour vos enfants? Il est temps de redonner à la Terre un régime équilibré; il est temps de remonter dans l'arbre, et de se réconcilier enfin avec la nature, pour notre propre intérêt et celui des générations futures.

Aujourd'hui, j'écris ces lignes, à la bougie, sur mon iPad, paradoxe de notre société ultra connectée aux goûts uniformisés, tout en étant en recherche de nature vraie, d'authenticité et d'originalité. Je suis réfugié à la Pure Ferme. Si l'on m'avait dit, quand j'étais à HEC, que je poserais finalement mes valises dans une ferme en bambou de 4 hectares, à planter des bananes, du riz et du café, je ne l'aurais certainement pas cru. Et pourtant…

Introduction

La nature est le remède aux crises (économique, sociale, environnementale, culturelle...) auxquelles nous sommes confrontés. Le cas le plus évident est celui du domaine agricole. La recherche d'augmentation de la productivité et le besoin de nourrir une population sans cesse croissante ont donné naissance à l'agriculture intensive actuelle, qui a conduit à la série de désordres environnementaux et de santé publique dont nous savons aujourd'hui qu'il est urgent de sortir.

À l'origine, il y a la prétention de croire que l'Homme peut concevoir des moyens et des produits pour contrôler la nature, pour en maitriser les effets, voire pour la contrer. La recherche scientifique s'est ainsi divisée entre ceux qui allaient combattre les virus avec les pesticides, ceux qui allaient combattre les insectes avec les insecticides, ceux qui allaient s'attaquer aux champignons avec les fongicides et ceux qui allaient enrichir le sol avec les engrais chimiques.

Cette approche par thématique, Masanobu Fukuoka[1] l'appelle « pensée scientifique discriminante », car elle ne considère dans chacun des cas qu'un sujet. Elle est nécessairement

1. http://www.onestrawrevolution.net/One_Straw_Revolution/Larry_Korn.html

vouée à l'échec. «Un crime contre l'intelligence humaine» dirait Pierre Rabhi[1]. C'est n'avoir rien compris au mode de fonctionnement de la nature qui, par définition, n'est qu'interdépendances. Les virus, les champignons, insectes et plantes, le sol et les arbres ainsi que l'air et l'eau, le climat, tous interagissent ensemble. On ne peut pas les traiter séparément, sans quoi on ouvre la boite de Pandore, en ne faisant que créer de nouveaux déséquilibres dans ce qui était au départ une merveilleuse mécanique de précision.

Cela rappelle le texte de la Genèse dans la Bible: quand Adam et Ève goûtent au fruit de la connaissance, guidés par leur ego qui leur fait croire qu'ils peuvent être plus forts que la nature, ils quittent le Paradis. C'en est fini de l'équilibre parfait, de l'Idéal (modèle de perfection, qui donnerait entière satisfaction): ils ont rompu l'harmonie, et ne l'atteindront plus jamais, semant désordres et déséquilibres à mesure qu'ils cherchent à égaler la puissance naturelle de la création originelle.

Nous avons été tellement fiers de notre développement technique et de ses applications dans l'agriculture depuis la Seconde Guerre mondiale. Mais en regardant en arrière, ce progrès n'était qu'une farce, voire une barbarie, et nos enfants en riront tellement nous avons été leurrés par ce soi-disant progrès, à moins qu'ils n'en pleurent, confrontés à ses multiples dommages collatéraux... Pour paraphraser le cinéaste Jean-Paul Jaud: «Nos enfants nous accuseront»[2], et ils auront raison. Comment pourront-ils croire que nous avons à ce point pu jouer les apprentis sorciers? Car il est tout simplement absurde d'aller puiser des hydrocarbures qui ont mis des millions d'années à se former dans notre sous-sol pour ensuite

1. http://www.pierrerabhi.org/blog/
https://www.colibris-lemouvement.org/colibris/pierre-rabhi
2. https://www.youtube.com/watch?v=yrJN-itVZLQ

les pulvériser sur des tomates et vouloir ainsi augmenter artificiellement leur rendement.

C'est effrayant de voir un agriculteur mettre un scaphandre pour traiter sa production, qui va se retrouver dans notre assiette. Pourquoi alors avoir eu recours à ces produits chimiques dangereux alors que d'autres solutions étaient possibles et disponibles ? La réponse est tout aussi historique que simple : les armes chimiques interdites, c'est toute une industrie qu'il a fallu recycler, réorienter, justifiant ainsi des usages intensifs et déraisonnables.

Personnellement, je n'ai pas fait d'études d'agronomie (et je me dis parfois que c'est une bonne chose au vu des horreurs que l'on peut y apprendre). J'ai fait HEC, « bien pire » diront certains : là, la « révolution verte » y est enseignée telle que nécessaire pour maximiser les rendements, rendre les exploitations plus productives et nourrir une population mondiale grandissante, aux besoins croissants de plus en plus globalisés. N'y connaissant rien en agriculture, je faisais entièrement confiance aux confrères de « l'agro », convaincu qu'ils devaient être à la pointe du savoir et de l'innovation, et que cela devait se retrouver dans les champs de nos agriculteurs.

Cependant, depuis plus de 15 ans que je visite des exploitations agricoles à travers le monde, d'abord avec Alter Eco[1] puis avec Pur Projet, tout ce que j'ai pu observer n'a fait qu'éveiller puis renforcer mes doutes sur le bien-fondé et l'efficacité de cette agriculture « moderne », soi-disant plus productive. Je n'ai rencontré que des agriculteurs ruinés, dans des écosystèmes profondément dégradés.

On dit l'agriculture biologique moins productive : je n'ai pourtant vu que des exemples qui contredisaient cela. On répète

1. Site France : http://www.altereco.com/ Site US et Australie : http://www.alterecofoods.com/

à outrance que sans les produits chimiques il est impossible de nourrir la planète. Dans ma ferme en Thaïlande je produis pourtant plus de riz sans produits chimiques que mon voisin qui lui en surconsomme depuis plus de vingt ans... Fertilisants et labourage seraient les seuls moyens de rendre la terre productive: comment ne pas simplement constater la vertigineuse érosion de la fertilité des champs agricoles au regard des sols forestiers et agroforestiers, qui restent, eux, les plus fertiles et les plus productifs au monde, sans jamais être labourés ni recevoir d'intrants phytosanitaires?

Pendant des décennies, ni l'amiante, ni la dioxine, ni ces produits chimiques n'étaient dangereux pour la santé: cependant, dans mon entourage direct, nombre de personnes ont été directement touchées par des maladies liées à ces produits, sans même compter les multiples études épidémiologiques qui sont venues conforter leur nocivité. Et maintenant ces mêmes entreprises agrochimiques, quand il ne s'agit pas d'organismes d'État, nous affirment que les OGM sont sûrs pour notre santé. Sommes-nous si faciles à tromper, ou souhaitons-nous cette (fausse) vérité? A-t-on envie d'un suicide collectif? La question prête à sourire, parfois, mais elle a pourtant l'arrière-goût d'une vérité.

Je ne vais pas continuer sur ce ton alarmiste et pessimiste, car, par nature, je préfère chercher des solutions plutôt que de maudire les ténèbres. La nature est évolution et changement. En fait, elle est le monde. Un monde qui n'est pas fait de confrontations, mais de complémentarités. Un monde qui ne juge pas, qui n'est pas dualiste, et qui perdure. Imitons-la pour trouver les solutions. Remontons dans l'arbre pour trouver des solutions durables.

Je crois en la promesse d'une agriculture naturelle, qui utilise intelligemment les ressources de la nature, coopère harmonieusement avec ses interdépendances et ne cherche pas à lutter contre les éléments. Une agriculture plus productive tout en étant plus frugale, plus naturelle tout en étant aussi bien plus scientifique. Et c'est là aussi tout le paradoxe de cette nouvelle «révolution verte», vraiment verte cette fois-ci... Aujourd'hui, il ne s'agit pas de juger les choix de scientifiques et d'agronomes qui s'inscrivaient dans un certain contexte (post Seconde Guerre mondiale), mais de faire un constat partagé de plus en plus largement, et ce même dans les secteurs agricoles conventionnels. Car cette monoculture intensive est bien évidemment dans une impasse: comment pourrait-il en être autrement? Quels que soient les médicaments et la chimie de substitution, le régime alimentaire de la Terre est déséquilibré, propice à des maladies qui ne manquent pas de ressurgir. L'heure est au sevrage, étape difficile et douloureuse, mais ô combien salutaire. Qui plus est, ce modèle agricole est des plus onéreux, dès lors qu'on additionne les équipements, les intrants et le coût des externalités (pollutions, empreinte, maladies...). Pour beaucoup, il est temps d'accompagner nos modes de production et de consommation vers des pratiques plus logiques, en accord avec les lois de la nature, et en équilibre avec le vivant.

Quand, avec des amis, j'ai créé Alter Eco et que nous prononcions les mots bio ou équitable, on nous répondait, pour nous décrédibiliser: «Ah oui! Et tu veux t'éclairer à la bougie toi?». Personnellement, j'aurais envie de répondre oui, car c'est très romantique, mais là n'est pas le sujet. Bio et agriculture naturelle étaient (et sont encore) associés à un retour en arrière, à une vision anti-progrès, presque réactionnaire.

En fait, ce n'est pas à la science que je suis opposé, mais plutôt à son orientation, à son exploitation. Je veux qu'elle ne soit pas principalement utilisée pour créer de nouveaux produits synthétiques (ou du moins pas nécessairement, pas systématiquement), qu'elle ne soit pas méthodiquement asservie à des intérêts privés, mais qu'elle soit prioritairement utilisée pour mieux comprendre les ressorts de la nature: qu'elle permette de mieux l'observer et de mieux s'en inspirer, qu'elle nous permette de mieux l'imiter (principe du biomimétisme) quand c'est possible, et qu'elle nous aide à retrouver notre juste place, au cœur même de son fonctionnement cyclique.

Il faut que la science nous aide à rééquilibrer notre rapport à la nature. Et dans le domaine agricole, qu'elle nous aide à trouver la manière naturelle de produire la plus efficace, tout à la fois frugale et productive.

Et ce n'est pas une utopie, c'est possible! C'est même ce que nous vivons sur le terrain depuis plus de 15 ans via Alter Eco puis Pur Projet, auprès de producteurs agricoles, bio, biodynamiques, agroforestiers, forestiers, qui ont employé et déployé ces techniques avec succès, et qui produisent tous au moins autant, voire généralement plus, que leurs voisins qui utilisent des produits chimiques. Comparativement, ils ont donc des coûts de production moins élevés et peuvent vendre leurs produits à un prix supérieur, produits en outre de meilleure qualité organoleptique et physico-chimique et bien plus diversifiés. Leur exploitation agricole est donc plus résiliente, frugale et plus rentable… et c'est en grande partie grâce aux arbres.

Derrière l'arbre, une révolution culturelle

L'agriculture n'est pas juste une activité de production. C'est une vision globale du rapport que l'Homme entretient avec la nature et lui-même. C'est un choix de consommation et de vie. Au-delà du domaine agricole, cette «révolution naturelle» peut s'appliquer à tous les domaines, qu'il s'agisse de l'alimentation, de la santé, de l'économie, de la politique, etc. Passé l'enjeu agricole, c'est une véritable révolution culturelle qui est déjà en marche dans différents domaines (alimentation, travail, loisirs, spiritualité…) pour reconnecter l'Homme à son écosystème et à son «soi authentique»: à chacun de nous de s'y engager.

Une myriade d'acteurs : entrepreneurs responsables, entrepreneurs sociaux, ONG, artistes, politiques, lobbyistes, lanceurs d'alertes, leaders d'opinion[1]… ont déjà décidé de remonter dans l'arbre, et ils sont de plus en plus nombreux. Ils sont engagés dans la construction d'un nouveau monde, et d'une nouvelle attitude, qui entraîne dépossession, désapprentissage et réinvention de nos modes de vie. Ils ont décidé de remonter dans l'arbre, mais pas en donneurs de leçons ou en ayatollah, ni en portant sur eux « toute la misère du monde ». Ils ne tombent pas dans les extrêmes ou dans le dualisme facile et stérile. Ils sont créateurs, connecteurs et connectés, ouverts, engageants, progressifs, inclusifs.

Pourquoi remonter dans l'arbre ? C'est aussi une question philosophique

Tout simplement parce qu'on y est beaucoup mieux, plus heureux, car on peut s'y réapproprier ses rêves et les réaliser. Remonter dans l'arbre est donc aussi d'ordre spirituel. Il s'agit de se rapprocher du ciel et de mieux admirer les étoiles.

Quand mon fils de 4 ans me demande, « Papa, pourquoi tu plantes des arbres ? », je lui réponds « parce que c'est bon comme manger des bonbons. ». C'est la question du bonheur, et du critère, en tant qu'outil de mesure du véritable niveau de développement d'un pays ou d'un individu : son Bonheur Intérieur Brut[2]. Nous ne sommes donc plus uniquement sur le versant « fleur bleue » ou « Flower Power » du bonheur, mais bien sur un objectif qui vise à redéfinir les critères de la véritable richesse et à réorienter notre société vers une création de valeurs, un idéal et des engagements qui ont du sens.

---

1. À retrouver à la fin du livre en hommages.
2. en référence à l'indice préconisé par le roi du Bhoutan en 1972 au lieu de son Produit Intérieur Brut. http://www.grossnationalhappiness.com/

« Soyons le changement que nous voulons voir dans le monde », disait Gandhi. Non par devoir ou esprit critique, mais simplement parce que c'est la condition pour renouer avec une croissance vertueuse. C'est aussi la condition de notre bien-être et de notre bonheur. Les désordres extérieurs ne sont que la manifestation de nos propres désordres intérieurs. Nous en prenons actuellement conscience, mais peut-être pas assez vite, d'où des bouleversements croissants, tant à l'intérieur (dépressions, conflits, intégrisme) qu'à l'extérieur (pollution, inégalités, crise économique…). Les solutions sont pourtant à notre portée, naturelles et donc gratuites, auto-générées, offertes par la magie de la Vie. Il suffit de les observer pour s'en inspirer, et utiliser leur force pour sortir de l'impasse.

Etant de ceux qui aiment commencer un livre par la fin, et parce qu'il me semble que cette dernière partie plus spirituelle est aussi la plus fondamentale, j'ai choisi de présenter le chapitre 6, dernier chapitre du livre, en ouverture. Si vous souhaitez entrer dans le vif du sujet : les déséquilibres auxquels nous faisons face, vous pouvez toujours commencer par le chapitre 1 et ne lire cette sixième partie qu'à la fin.

Partie VI

Vivre et s'épanouir dans l'arbre

Il est urgent de changer d'échelle. Si je devais garder quelques idées clés pour accélérer le mouvement, ce seraient trois évolutions à opérer: la non-dualité, un retour sur soi et reconsidérer son rapport au vivant. Changer de système de valeurs voilà notre enjeu. Avant d'entrer dans ces 3 changements à opérer, réjouissons-nous de voir qu'une nouvelle culture de société se met d'ores et déjà en place.

CHANGER DE SYSTÈME DE VALEURS

Une nouvelle culture de société en route

Les conférences Climat comme celle de Paris (la COP21 en décembre 2015), sont un moment privilégié pour la mobilisation politique et citoyenne. L'émergence des fonds éthiques et d'impact finance sont un signe fort d'orientation du monde de la finance sur des produits à forte valeur ajoutée socio-environnementale. Les pouvoirs politiques et financiers seraient donc aussi en passe de se convertir. Une nouvelle page est-elle en train de s'écrire? Partout dans le monde, les comportements changent. On assiste depuis une quinzaine d'années à l'émergence d'une nouvelle culture de société dont l'objet est précisément de la changer. Le public est mobilisé, avec un nombre croissant de personnes qui s'engagent à titre personnel. Ils sont appelés les *créatifs culturels*[1], une catégorie croissante de la population, à la pointe du changement social et environnemental, mise en évidence par le sociologue américain Paul Ray et par la psychologue américaine Sherry Anderson. Ils regroupent des individus ayant en commun d'adopter une vision globale et «intégrale» du monde, des individus qui partagent un ensemble de valeurs. Ils cherchent notamment à remettre l'humain au cœur de la société, à favoriser une moindre dépendance vis-à-vis des modes de consommation industrialisés, pour davantage de développement personnel et spirituel. Ils refusent les dégradations environnementales, notamment celles induites par l'exploitation des ressources naturelles et ils recherchent des solutions nouvelles aux problèmes personnels ou sociaux.

Ils représentent un tiers de la population aux États-Unis, c'est très significatif. Si la société de consommation la plus aboutie commence à se réorienter vers un modèle post-consumériste, c'est un signe encourageant. Aux autres pays d'y passer directement.

Leçon d'Éthiopie

On rêve ainsi, in fine, à l'émergence d'une nouvelle culture de consommation, ou plutôt de non-consommation, vers

1. «Leur nombre est en croissance régulière et rapide: en l'espace d'une génération, ils seraient ainsi passés de 5 % au début des années 60 à plus de 33 % aujourd'hui aux Etats-Unis. Une étude de 2007 crédite ce courant de 38 % de la population en France. C'est bien plus que les militants de n'importe quel parti politique en France.»

une « sobriété heureuse », comme l'exprime Pierre Rabhi[1]. Une société, heureuse de moins et mieux consommer. Cependant, attention, il s'agit là de vouloir réduire la consommation de biens matériels ainsi que son empreinte, mais pas forcément la création de valeurs, surtout si elle génère des services d'intérêt général et créateurs d'emplois : c'est la différence entre la croissance et la prospérité.

À mon sens, la sobriété heureuse c'est de réussir à être heureux de rien. Et c'est en Éthiopie que je reçois de permanentes leçons sur le bonheur : tout le long des chemins, nous sommes entourés d'enfants et d'adultes qui semblent profondément heureux de nous rencontrer. Ils n'ont matériellement rien, mais sont remplis d'une joie très différente de ce que l'on peut voir ou ressentir dans des pays riches. Il ne faut pas idéaliser non plus, car leurs conditions de vie sont très rudes, voire proches de la survie, mais c'est très marquant. Toute la journée, c'est avec une douceur incroyable et des lueurs dans les yeux que l'on est interpellé, et quand on se serre la main ou que l'on se quitte, c'est avec une sensibilité très pure et profonde, comme suite à la naissance d'une histoire d'amour. À notre tour, nous sommes ainsi remplis de ce bonheur simple, de cette sobriété heureuse qui se transmet si bien, se nourrit de chaque rencontre et qui se multiplie sans fin.

Un nouveau militantisme jubilatoire

Au-delà même de cette sobriété heureuse, il est souhaitable d'aller vers un « militantisme jubilatoire », une expression que l'on utilisait chez Alter Eco pour définir une manière d'aborder les parties prenantes, pour faire avancer la cause du commerce

1. http://rue89.nouvelobs.com/rue89-planete/2013/01/30/document-la-feuille-de-route-vers-la-sobriete-heureuse-239140

équitable et de l'agriculture biologique. Pour changer d'échelle. Une approche, ouverte, non jugementale.

Il est essentiel de véhiculer une image positive et accueillante de l'écologie. Trop souvent, les discours incantatoires, les donneurs de leçons et les extrémismes ont tendance à crisper le débat et à stopper l'adhésion et l'engagement. Le catastrophisme (même si la situation est réellement catastrophique) ne mène qu'à l'inaction.

Certes, il est très important de lancer l'alerte et d'expliquer les enjeux, c'est évident. Mais aujourd'hui, le public en a beaucoup entendu parler tandis que très peu de solutions sont à sa portée pour agir. Il existe donc un fossé énorme entre la présentation de ces enjeux et la mise à disposition et les perspectives de résolutions. On se sent du coup inutile, incapable d'agir, généralement jusqu'au repli sur soi. Le militantisme jubilatoire lui nous porte et donne envie.

LA NON-DUALITÉ POUR CHANGER D'ÉCHELLE

De l'urgence de changer d'échelle

Les enjeux auxquels nous sommes confrontés sont énormes. Si on voulait compenser l'empreinte carbone annuelle mondiale (35 milliards de tonnes d'équivalent CO_2, soit 1 120 tonnes par seconde) avec des arbres, nous devrions en planter 90 milliards par an. Avec Pur Projet nous n'en avons planté que 5 millions en 8 ans. Les bras pourraient nous en tomber, et nous pourrions plonger dans la déprime. Ce gigantisme des enjeux appelle à mon sens d'autant plus à un regard positif et engagé, ne serait-ce que pour se protéger. Sinon le monde n'a tout simplement aucun sens. Il appelle aussi à se questionner sans cesse pour trouver les leviers qui permettraient de changer d'échelle.

Avec Alter Eco, nous avons d'abord vendu les produits équitables dans une boutique de 30 m^2, puis de 250 m^2, sans succès, pour finalement trouver un modèle à plus grande échelle en vendant les produits équitables et bio dans la grande distribution. Mais, 17 ans plus tard, Alter Eco ne pèse aujourd'hui au global pas plus de 40 millions d'euros de vente annuelle face à des centaines de milliards d'échanges mondiaux. Avec Pur Projet, nous aidons de grandes entreprises à intégrer des projets à forte valeur ajoutée socio-environnementale au sein de leurs filières, en particulier des projets agroforestiers. L'idée étant avec Pur Projet, d'exporter les modèles Alter Eco d'innovations socio-environnementales au sein de grandes entreprises, afin de faire levier à plus grande échelle.

À nouveau, malgré l'engagement très significatif de certains de nos partenaires, Accor ou Nespresso par exemple qui se sont chacun engagés à planter 10 millions d'arbres en 5 ans, on se rend compte que l'enjeu reste encore de trouver comment changer d'échelle si on veut vraiment contrebalancer le problème de la déforestation.

On ne va pas répondre au problème juste en mobilisant les entreprises. Nous devons aussi viser le cœur politique et le pouvoir financier de nos sociétés, qui ont la capacité de nous faire changer d'échelle et ainsi de modèle.

Plus ce changement d'échelle interviendra rapidement, plus il sera facile. Nous le voyons avec l'agroforesterie : plus nous plantons dans des zones dégradées ou perturbées par des dérèglements climatiques, et plus les coûts du projet augmentent du fait d'un taux de mortalité accru des arbres, ou des besoins d'apport en intrants biologiques, en eau, en équipements... Plus nous replantons tôt après la déforestation, plus le travail est aisé et efficace. Il en va de même pour de nombreux sujets : il faut agir maintenant. Mais pour l'instant nous n'avons pas assez de structures d'aide au changement existantes pour accompagner celui-ci significativement.

Les ONG, ces escaliers essentiels pour remonter dans l'arbre

Les ONG sont le garde-fou de nos sociétés. Elles sont à l'origine de la prise de conscience collective de la plupart des courants et initiatives présentés dans ce livre. Elles sont les escaliers privilégiés pour remonter collectivement dans l'arbre, ainsi que certains médias très engagés sur ces sujets, au-delà de la mobilisation effective de la société. Ces acteurs sont en avance sur leur temps, car ils ont une vision étendue des enjeux et un sentiment d'urgence sur la nécessité de mobiliser l'opinion publique pour changer la société dans le bon sens. Ils ont un sens aigu de la citoyenneté, qui s'étend au-delà des frontières, un sentiment partagé de fraternité.

Là où j'ai pu observer d'une manière un peu particulière, mais flagrante leur impact, c'est lors d'une mission de médiation en Russie, sur la municipalité de Khimki : la forêt de Khimki, en banlieue de Moscou, devait être traversée par une autoroute reliant celle-ci à Saint-Pétersbourg, et une mobilisation publique contre le chantier et ce projet avait tourné à l'affrontement entre les militants écologistes pacifistes et occupants de la forêt (nous dirions zadistes aujourd'hui en France) d'un côté, et les forces de l'ordre et des groupes néonazis – à priori pilotés par le pouvoir central – de l'autre.

La coalition écologique et pacifique regroupait Greenpeace, WWF et des ONG russes locales, ainsi qu'un courant plus politisé, emmené par la leader écologiste Evgenia Chirikova. J'étais là envoyé par l'entreprise Vinci, chargée du chantier, pour voir si un accord pouvait être trouvé avec la coalition des ONG, ainsi et surtout qu'une médiation qui permettrait à minima un meilleur dialogue entre les parties en présence, la situation étant explosive.

La Cour suprême de Russie avait validé le projet – après une longue bataille juridique – et rien ne pouvait plus s'y opposer (l'autoroute a été construite depuis), et le constructeur pouvait choisir de passer en force. Néanmoins, Vinci voulait non seulement développer le dialogue, mais aussi, si les parties prenantes locales le souhaitaient, proposer de multiples aménagements et financements pour la régénération globale de la forêt de Khimki. Celle-ci était par ailleurs en mauvais état sur une grande partie de sa surface, au-delà même du périmètre de la compensation des dommages causés par la construction du tronçon autoroutier.

Me voici donc à faire le tour des ONG et des leaders d'opinions sur le sujet, dans le froid glacial de Moscou et de la forêt de Khimki. Une expérience assez épique, à discuter avec les occupants de la forêt, par -20 degrés, eux en bras de chemise et déterminés à résister, et moi transi de froid et me demandant si l'un deux n'allait pas me taper dessus, me prenant pour un envoyé de Vinci, alors que ma mission était clairement de la médiation. Pourtant l'échange a été au contraire très profond, humain, et très chargé émotionnellement. Je me suis retrouvé au contact de personnes éprises de pureté et d'engagement jusqu'au-boutiste, par amour de la nature. Certes, la forme peut choquer et l'on peut ne pas être d'accord avec les mouvements de désobéissance civile, mais je trouve personnellement le niveau et la qualité de leur engagement exceptionnel et à encourager. Qui, aujourd'hui, est prêt à mourir pour la nature, mis à part ces résistants pacifiques et le peuple des Bishnoïs[1] (une ethnie indienne dont la spiritualité et le quotidien sont inspirés par le comportement de son maitre fondateur, mort pour protéger la vie d'une biche)? Et ceci vaut aussi pour les Femen[2] ou les Pussy Riot[3], qui sont prêtes à perdre leur vie pour défendre la liberté.

1. https://www.youtube.com/watch?v=GcF6csSJEbo
2. http://femen.org/
3. https://en.wikipedia.org/wiki/Pussy_Riot

Au sein d'un même enjeu, on rencontre des ONG aux comportements et objectifs différents. Dans la situation russe, parmi d'autres groupes plus radicaux de l'opposition au projet, il y avait une approche plus duale. Elle s'explique et se comprend par la frustration subie dans ce contexte totalement antidémocratique: la forêt de Khimki était devenue un symbole de la résistance à Poutine et cristallisait beaucoup de rancœurs, à juste titre. J'ai donc recueilli les avis de chacun, y compris des petites associations locales de Khimki, partantes pour développer un projet pour une dizaine d'entre elles. Il leur était normal, une fois la décision de la Cour suprême rendue, de se conformer à sa décision (même si non démocratique), et de travailler à présent à la seconde étape qui était: comment réduire au maximum les nuisances pour la communauté et idéalement bénéficier d'aides en contrepartie, sur le plan social et environnemental. Comment transformer le problème en opportunité, à présent que le chantier était inéluctable. Les ONG locales, elles, visaient d'abord des objectifs concrets dans leur municipalité, là où les autres avaient un agenda national et plus stratégique. Les ONG et les mouvements civils, depuis le local jusqu'au global, et dans de multiples domaines, constituent ainsi la toile d'araignée de nos relations sociales, tentant de réguler le système. C'était très clair sur ce cas précis, avec différentes strates du local au national, et des enjeux environnementaux, sociaux, économiques et politiques entremêlés.

Cette mission a finalement été un échec, car le projet global pour la forêt n'a pas abouti, mais elle m'a appris beaucoup, en particulier sur le contexte de gestion de crise et de médiation, de recherche de non-dualité et de vacuité dans un contexte très tendu, voire violent. Et cela m'a fait vivre de l'intérieur comment les ONG collaborent entre elles pour défendre la voix des citoyens et l'environnement. Un journaliste avait perdu une jambe lors d'un affrontement, et les résistants dans la forêt étaient régulièrement attaqués par des extrémistes et harcelés par la police. Dans ce contexte très critique, les ONG, en particulier les plus proéminentes, jouaient extrêmement bien leur rôle de défenseurs, lanceurs d'alerte et diplomates au service d'une cause et des citoyens. Elles ont défendu ces personnes et la forêt jusqu'au bout.

Au niveau des grands opérateurs comme Greenpeace[1] et WWF[2], j'ai été marqué, lors des réunions et des échanges, par leur grand professionnalisme et l'intelligence dont ils font preuve pour négocier dans le bon sens, sans jamais faire de concession sur le fond, mais en gardant le dialogue ouvert. Une fermeté implacable, mais aussi une grande écoute et une volonté de collaborer et faire progresser le sujet collectivement. Les ONG sont des organisations citoyennes qui considèrent que les entreprises font aussi partie de l'écosystème citoyen ou qu'elles doivent s'y conformer. À ce titre, elles dialoguent avec les entreprises et les intègrent dans la dynamique de changement, ou tentent de le faire. Elles s'opposent pour proposer une troisième voie, une solution. Généralement, je trouve leur approche très engageante. Et je suis toujours impressionné par l'impact des campagnes de Greenpeace sur les entreprises : c'est un très gros moyen de pression et il engendre une grosse partie des leviers d'actions. Parfois par la menace et la dénonciation, parfois aussi par l'écoute et l'accompagnement dans le changement.

Je n'ai donc pas une vision idyllique ou pro-entreprise ou pro-ONG, mais à force d'observer toutes ces forces et tensions en présence lors des projets que nous développons, j'ai plutôt l'impression que nous sommes dans une multitude de nuances de gris plutôt que dans une vision duale noir ou

1. http://www.greenpeace.org/france/fr/
2. http://www.wwf.fr/

blanche. Il n'y a pas le bien d'un côté et le mal de l'autre, mais plutôt une situation de souffrance collective, de déviance vis-à-vis des lois de la nature dans notre manière de vivre, et ce problème est critique, pas seulement au niveau de Khimki, mais au niveau planétaire. Nous sommes dans une situation de conflit intérieur et extérieur global, à résoudre par plus de dialogue et d'écoute, et surtout plus d'engagements concrets. Nous devons en prendre acte en nous-mêmes, réellement: nous sommes alors automatiquement entraînés dans l'action, et non plus dans l'analyse de «la faute à qui». On se plonge dans une cause, on s'immerge dans un combat collectif, et on sait qu'il faut tout le monde avec nous pour réussir. Donc pourquoi vouloir exclure ou juger tel ou tel autre?

Pour changer le monde, il faut nécessairement tout le monde

On ne peut pas gagner à quelques-uns, c'est évident et pourtant...

La première fois que j'ai été invité au Forum Mondial de Davos[1] et dans les réunions régionales du Forum, je me suis dit: «Là, je vais être au cœur de la machine, face aux décideurs, ceux qui contrôlent le système, donc ceux qui sont à l'origine du problème, s'ils le dirigent réellement». J'étais remonté à bloc en mode *petit soldat qui va crier très haut et très fort que le monde est vraiment injuste et sous-entendre que c'est de leur faute.* J'étais assez vindicatif intérieurement. Et je me suis pris une claque. Car dans les discussions, je me rendais souvent compte que mes interlocuteurs, même s'ils n'étaient pas des spécialistes de mon domaine d'intervention et qu'ils dirigeaient parfois de grands groupes peu engagés, avaient une réflexion

1. http://www.weforum.org/

bien plus aboutie que moi sur certains sujets, avec d'autres points de vue, d'autres éléments que je n'avais pas en ma possession. J'ai appris à mieux les écouter, à mieux comprendre d'où venaient réellement nos divergences de vues, et surtout à chercher comment créer des ponts, une véritable discussion, un échange pour arriver à progresser chacun un peu plus. Plutôt que de chacun sortir son catéchisme, ses idées reçues et ses aprioris, et ainsi bloquer l'échange.

C'est aussi à Davos que j'ai pu observer comment les dirigeants des grandes ONG, comme Care International[1], Human Rights Watch[2] ou même des organismes des Nations Unies (le Programme Alimentaire Mondial en particulier) tentaient de faire adhérer à leurs causes, de mobiliser les décideurs et d'obtenir des fonds pour des changements à très grande échelle. Ils sont, tout en gardant leurs convictions intactes, dans une vision non duale, pour accepter leur interlocuteur, pour créer une relation de confiance voire d'amitié qui va permettre un vrai dialogue et ainsi un engagement ou un partenariat. Il ne peut pas en être autrement. Ces représentants d'ONG ne viennent pas avec leurs panneaux de manifestants, mais au contraire avec des stratégies très fines pour aborder les décideurs, les impliquer personnellement et leur faire engager leurs organisations massivement derrière eux. Du côté des entreprises, les plus farouches opposants au commerce équitable ou aux questions climatiques que j'ai rencontrés se sont parfois ensuite révélés être d'excellents partenaires pour faire avancer la cause.

Un exemple récent: beaucoup de gens me disent que «l'écologie, ça les gonfle», non pas sur le constat et la nécessité d'agir, mais sur la manière dont c'est présenté: «fais pas ci,

1. http://www.care-international.org/
2. https://www.hrw.org/

fais pas ça, c'est la faute de, etc.». En fait, l'écologie c'est juste la question de notre bonheur authentique et de notre avenir commun. Il ne faut peut-être plus parler d'écologie, mais de notre humanité, et véhiculer le besoin de changement en présentant avant tout les bénéfices pour soi, intérieurement. La nature ne juge pas, elle est non duale: pourquoi l'écologie le serait-elle?

Non-soi et non-dualité

Très bien, mais comment réconcilier mes canards bio de la Pure Ferme avec les grands pontes de Davos? Je n'ai pas vu d'autre solution que la non-dualité pour rapprocher ces extrêmes, chercher sans relâche la complémentarité et la collaboration possible, construire des ponts même entre deux abîmes, et voir la bouteille à moitié pleine quand elle est aux trois quarts vide. Une solution de facilité? Pour moi, c'est du réalisme: ni optimisme ni pessimisme, ni bien ni mal, juste une situation telle qu'elle est devant moi, et que j'ai envie de changer pour un mieux.

C'est la question de «à qui la faute», qui nous dévie de la vraie question: «comment agir, que dois-je faire maintenant, que puis-je et dois-je changer?». Car dans les faits, chaque petit bout de plastique dont nous nous rendons responsables, ou chaque gramme de CO_2 que nous émettons est en trop au vu du consensus scientifique mondial, et plus globalement une incohérence d'un point de vue purement rationnel. Et pourtant, ma cuisine est encore remplie de sacs plastiques jetables que je me trouve si souvent obligé d'accepter quand je n'ai pas de cabas... Et ainsi de suite, pour des milliers d'actes annuels qui sont complètement incohérents si on les analyse vraiment. Car ce sac plastique jetable est fait à partir d'hydrocarbures qui ont mis des millions d'années à se former dans le sous-sol, de même pour le pétrole que je brûle juste pour aller faire une sortie à la campagne. Souvent, j'ai le vertige quand je pense à tous les gens qui sont à l'instant présent en avion, en voiture ou en train d'accepter un bout de plastique. C'est bel et bien vertigineux d'imaginer tout ce volume qui part en fumée, chaque seconde. 1 120 tonnes d'équivalent CO_2 émises chaque seconde au niveau planétaire...[1]

Si on regarde l'équation, cela n'a aucun sens, c'est absurde, et il y a beaucoup plus naturel et efficace pour rendre ces services ou s'en passer sans douleur. C'est l'ensemble du système qui est absurde, car je suis absurde. « Je suis le premier responsable de tout cela » devrait être notre raisonnement, non pas pour se flageller, mais pour accepter pragmatiquement et mesurer l'ampleur de la tâche. De même, si on veut être vraiment honnête avec soi-même, il n'y a aucune politique d'engagement d'entreprise qui ne soit pas réellement du *greenwashing* (procédé de communication utilisé dans le but de se donner une image écologique responsable) : un constat qui s'impose si on le mesure à l'échelle du changement de société et intérieur à réaliser au niveau global ; car ce ne sont que des gouttes d'eau.

Nous ne faisons que repeindre un peu en vert un système tout entier qui tourne à l'envers, nous les premiers. Tant que nous n'aurons pas changé nous-mêmes, ce ne sera que superficiel, une fine couche de changement sur un système en faillite. Mais le *greenwashing* est souvent utilisé en *greenbashing* : on se fait plaisir en attaquant un tel ou un autre, de préférence une grande entreprise. Donc, à nouveau, on papillonne à la surface, dans un débat d'intentions, et on retombe dans une dualité, très souvent stérile et qui crispe tout le monde. Mais nous n'avons toujours pas abordé le problème de fond : soi.

---

1. http://www.epa.gov/climatechange/ghgemissions/global.html

Dans l'arbre, on s'oublie soi-même

Quel est précisément ce changement intérieur dont on parle? Depuis plus de 15 ans, je suis amené à rencontrer des personnes d'horizons extrêmement variés, depuis des petits producteurs de café de Papouasie-Nouvelle-Guinée – les plus doux et accueillants du monde, pourtant anciennement cannibales – jusqu'aux patrons de multinationales, aux airs policés, mais non moins mangeurs d'hommes. Ainsi que des médias, des ONG, des politiques, des artistes… Chacune de ces personnes m'a donné une analyse et un témoignage différents face aux enjeux auxquels nous sommes confrontés: c'est quelque chose que j'apprécie, car cela plaide en faveur d'une biodiversité de cultures et de visions.

Beaucoup témoignent de leur attachement aux grandes causes, comme l'environnement. Mais beaucoup sont aussi très critiques sur ceux qui sont responsables des problèmes que nous rencontrons: la faute revient en général aux grands groupes, aux gouvernements, aux institutions et aux banques, au système, aux riches, etc. Et c'est certainement en partie vrai. Cependant, le problème est toujours là, d'autant que quand je rencontre les banquiers, ils disent que cela vient des politiques, et vice-versa. C'est une patate chaude que tout le monde se renvoie.

Peut-être souhaitons-nous simplement nous rassurer sur le fait que la responsabilité revient à quelqu'un d'autre que nous, et que nous pouvons donc continuer à vivre tranquillement, sans rien changer. Nous ne voulons pas regarder nos propres agissements, nos incohérences, ou bien reconnaître que nous sommes tous responsables, de tout, et que l'enjeu n'est pas de trouver les coupables, mais plutôt de se changer soi-même. Chacun sur Terre rejette la faute sur l'autre, de Porto Allegre à Davos, je l'ai vu en de maintes occasions. Et les avis sont tellement différents, qu'au bout de toutes ces années, j'ai l'impression que plus j'écoute, plus j'apprends et moins je sais.

«Je», à titre personnel, ne sais rien et ne peux rien sans les autres et sans les prendre vraiment en considération. Je ne peux qu'apprendre des autres, en m'efforçant de ne pas y mettre *du mien*, de ma petite pensée qui va forcément réduire et enfermer celle de l'autre, et brider l'intelligence collective. Mais je peux m'engager. Savoir, c'est ne pas savoir, ne pas savoir c'est savoir: voilà à mon sens des principes inspirants et dynamiques, ouverts, faits de vacuité, c'est-à-dire de non-soi. Où l'on sort de la question du «qui» pour aborder le «comment». Contempler la situation, le problème lui-même, pragmatiquement et apaisé; son origine, sa raison d'être, la manière de l'arrêter, les moyens à mettre en place pour qu'il cesse.

J'ai rencontré des *business men* très humains, et des responsables d'ONG exécrables, et inversement, bien évidemment, mais cela ne rend pas l'un plus coupable que l'autre. Bien sûr, tout le monde n'est pas sur le même plan, et il faut rappeler l'importance cruciale de la mobilisation de la société civile à travers, en premier lieu, les ONG, les médias, les universités et, plus largement, tous les citoyens.

L'INCONTOURNABLE RETOUR SUR SOI

Il nous faut chercher dans les racines du problème et les changer de l'intérieur. Nous avons besoin de ces racines, mais devons les changer afin qu'elles nourrissent réellement harmonieusement l'arbre, de manière équilibrée. Il ne s'agit pas juste de les condamner, mais de travailler à leur réorientation.

Ces racines et le changement sont d'ailleurs avant tout à l'intérieur de chacun de nous. Il faut s'engager soi-même, être ce changement que l'on veut voir dans le monde: une phrase des plus fondamentales pour moi. «Soyez le changement», c'est être soi-même le changement, se changer intérieurement: il ne peut en être autrement. C'est un précepte que Gandhi a personnifié, en abandonnant tout, progressivement, pour être ce changement, se limitant à un régime alimentaire très frugal, filant son coton pour produire lui-même ses vêtements... Il a changé tout son mode de vie alors qu'il avait l'Inde à libérer. C'est un message très fort. Nous ne changerons pas le monde sans nous changer nous-mêmes.

À Harvard l'enseignement de l'acceptation

Plus je rencontre des gens différents, plus j'ai l'impression que chacun a une bonne part de vérité, et que je fais toujours mieux quand je ne juge pas d'après les apparences ou les discours parce qu'ils sont opposés à ma pensée. Si je sais bien écouter, j'apprends souvent beaucoup plus, pointant ainsi mon ignorance et ce que j'aurais pu ne pas apprendre si j'avais fermé la discussion dès le départ, en raison d'un apriori.

Cela rejoint un enseignement de 15 jours que j'ai reçu à Harvard, sur le leadership, que l'on m'avait présenté comme assez exceptionnel. Tous les alumni de ce cursus étaient assez unanimes: cela avait changé, ou potentiellement changé, leur manière de diriger leur organisation, de diriger leur projet entrepreneurial. Je me disais: «Que va-t-on donc pouvoir m'enseigner en 15 jours qui me changera tellement?»

Nous étions une classe d'une soixantaine de personnes, d'une trentaine de pays différents, la plupart entrepreneurs ou à des postes à responsabilité dans de grands groupes, et avec un projet professionnel à réaliser de dimension internationale. Comment nous aider tous, alors que nous avions des profils et des projets si différents? Détail intéressant: le cursus était intégralement financé par des anciens patrons de grands groupes américains et par d'anciens conseillers de Présidents des États-Unis, qui se disaient qu'investir leur argent pour former des personnes avec un projet ambitieux, à vocation sociétale, était un excellent investissement, car ils pourraient ainsi aider les porteurs de projets à faire levier, et donc avoir un bénéfice amplifié. Agir sur la formation des entrepreneurs sociaux est le meilleur levier pour accélérer le changement, car ils travailleront plus efficacement : j'ai trouvé le raisonnement brillant. Mais alors : quelle était la recette magique qu'ils avaient choisi de nous dispenser ?

Le programme était très centré sur l'introspection, en groupe et individuelle, avec des cours de psychologie et de comportement. L'objectif était de tenter de réduire au maximum ses aprioris, ses conditionnements, ses jugements arbitraires, pour mieux réussir ; pour être plus authentique et diriger le changement. Trouver son *vrai nord*. Et cela passait par mieux se connaître, s'accepter, accepter ses faiblesses en particulier et mieux accepter les autres. Tous les matins, nous commencions par des discussions en petits groupes de 6 personnes, sur nos parcours respectifs, centrés sur leur dimension intérieure. Une sorte de psychothérapie de groupe, pendant laquelle des émotions très fortes sont remontées au sein de chacun des groupes.

Beaucoup, la plupart, se sont réellement livrés : un exercice que l'on fait rarement avec des personnes que l'on ne connaît pas, dans un cadre non jugemental et anonyme (sous contrat de confidentialité stricte). L'objectif était d'apprendre à mieux se connaître et à s'accepter, grâce au travail en groupe, et dans un objectif de construction personnelle et professionnelle.

Je ne m'attendais pas à cela : j'imaginais qu'on allait nous servir un discours élitiste et compétitif. Au lieu de cela : ne pas juger, n'avoir aucun a priori, pour ne fermer aucun potentiel, et pour vraiment s'entourer des meilleurs et mieux réussir collectivement ; utiliser les différences de chacun, l'interculturalité, apprendre de ses ennemis, de ses échecs – surtout de ses échecs – connaître ses propres limites et toujours garder ses amis et ses valeurs. J'ai trouvé ces principes très inspirants, tant d'un point de vue personnel et professionnel, que sociétal.

Au Pérou, l'expérience de l'alignement

Les cours de Harvard terminés, j'avais prévu d'aller faire un suivi de nos projets au Pérou, la semaine suivante. 24 h après avoir quitté Boston, j'étais donc à Santa Rosa, dans un petit village perdu d'Amazonie au Pérou : c'est ma base lorsque l'on fait la tournée des villages de la vallée de l'Alto Huayabamba ou nous développons différents projets. Je m'y sens comme en famille. J'ai en particulier un rapport très privilégié avec Wilfredo Machiavello, un vieux guérisseur végétaliste du hameau. « Je suis de la matière disponible, utilise-moi comme tu veux et autant que tu veux, je suis un instrument de la nature au service de l'humanité » dit-il toujours. Il est, comme les chamanes, en lâcher-prise total, pour être un bon canal d'aide. Il ne met pas, ou un minimum, de son *soi* dans l'acte de guérison. Il canalise l'énergie et l'esprit de la plante pour restituer sa force aux patients. Et chacun doit faire son travail intérieur pour progresser, et guérir. À nouveau, une image et une attitude très intéressantes pour remonter dans l'arbre, me semble-t-il.

Et là-bas, dans la nuit de la forêt de Martin Sagrado, Wilfredo et d'autres chamanes ont chanté toute la nuit des chants de guérison, lors d'une *purga* : une purge, à base de plantes de la forêt dont les effets sont puissants sur le mental, introspectifs, plongeant le patient dans un état non dual, qui lui permet de voir ses propres imperfections, ses limites, ses blocages, et de les dépasser. Lorsqu'il y a eu un traumatisme dans l'enfance (viol, agression, etc.), les réactions des patients peuvent être très violentes, comme une forme d'exorcisme, mais toujours salutaires. Le patient purge de ses entrailles (littéralement aussi) ses traumas, et se recentre, se rapproche de sa vraie nature. C'est un peu la psychothérapie de la forêt.

L'enseignement d'Harvard rejoignait alors complètement celui de la forêt, de même que la fameuse citation du temple de Delphes : « Connais-toi toi-même. » L'objet est de trouver sa vocation et s'y engager, trouver le sens profond de sa vie et s'aligner. Être authentique, vrai avec soi-même, trouver la voie qui nous correspond le mieux, et s'y engager.

Trouver sa vocation

« Mieux vaut allumer une bougie que maudire les ténèbres. », nous dit Lao Tseu.

Chez Alter Eco, c'était l'une de nos citations préférées. Au lieu de blâmer *les autres*, agissons par nous-mêmes, non par devoir, mais pour être heureux. Et pour cela, il faut se questionner, afin de trouver sa vocation.

Une vocation, à mon sens, naît d'abord de questionnements sur soi, sur son parcours, sur le sens de sa vie et les options qui s'offrent à soi. On sent alors un fourmillement qui se développe progressivement, on s'intéresse à tout, on cherche une voie, un projet... Et si ce projet peut servir une cause, c'est encore mieux : un problème social ou environnemental, sociétal, culturel à résoudre, une aide à apporter, un destin à réaliser, s'accomplir.

Alors, on tâtonne, on trébuche, on s'accroche à une idée dans laquelle on se sent bien évoluer, on change mille fois de projet, de business plan, on se décourage un peu, on laisse l'idée dans des cartons, quelques jours ou quelques mois... Puis, un jour, l'idée, l'envie, la passion reviennent. On le sent très profondément à l'intérieur de soi : quelque chose a changé. On est résolu à s'engager, à se donner sans compter. Alors, on formalise son idée, on la confronte à mille avis différents, et on est combatif face à la multitude des « ça ne marchera jamais ! », tout en restant serein et convaincu intérieurement, en paix.

La petite flamme grandit et rien ne peut l'arrêter, jusqu'à ce qu'elle s'exprime comme un grand feu et qu'elle irradie toute la société, quand tout le monde dira « c'est évident, mais il fallait y penser ».

Voilà ce qu'est, pour moi, le projet d'une vie, son sens profond : trouver sa vocation et être prêt à lui donner une bonne partie de son temps et de son énergie, voire la totalité, pour se réaliser pleinement. Remonter dans l'arbre. Être prêt à donner tout son acharnement, jusqu'à résoudre le énième échec, celui qui permettra de dire : « J'ai réussi ». Car, on le sait bien, la réussite n'est qu'une succession d'échecs surmontés, à chaque fois dépassés. Ce n'est vraiment rien d'autre. Alors, il faut être prêt à tomber de l'arbre un certain nombre de fois, avant d'y être bien installé.

L'engagement nous transforme intérieurement, avec bonheur

Je le perçois chez tous ; on se sent plus serein, utile, et heureux. Vraiment. Préparons-nous donc à une vie de joyeux combats pour réaliser notre vocation. Joyeux, car réaliser sa vocation est à mon sens la voie la plus directe vers le bonheur. Un bonheur authentique et dépouillé, relié à une seule chose : la réalisation de sa vocation tant professionnelle que personnelle, harmonieusement intégrée. Que ce soit parmi toutes les personnes déjà engagées, ou parmi les très nombreuses demandes d'information ou de travail que l'on reçoit, c'est toujours le même fond, chez tous : « Je veux avoir un travail qui a du sens, et qui donne aussi du sens à ma vie ». Ne pas juste vivre sa vie d'un côté et travailler de l'autre, mais travailler pour sa vie et celle des autres, pour une communauté mondiale et la planète. C'est un besoin humain présent chez chacun de nous, comme instinctif et encouragé par la nature : quand vous faites du bien, cela vous procure un sentiment de bien-être.

À ce titre, je suis très admiratif de la nouvelle génération d'entrepreneurs sociaux qui se développe très fortement actuellement, partout dans le monde et développe de nouveaux modèles à fort impact social et environnemental. Ils sont tellement innovants, ambitieux et… heureux de s'engager. Ils sont le moteur de la société de demain, à nous de les aider dans leurs projets, pour participer à la réussite de ces nouveaux modèles. Leurs projets sont tellement porteurs de sens, d'espoir et créateurs de vraies richesses (relationnelles, sociétales), que c'est un devoir de les aider.

RECONSIDÉRER SON RAPPORT AU VIVANT

Le fondement de cette nouvelle culture est la reconnaissance de l'interdépendance avec la nature et sa dynamique principale : l'équilibre des activités humaines avec le reste du vivant. Travailler avec la nature, voire même *« en la nature »*, et non en la contraignant artificiellement. Une reconnexion à la nature et à ses lois peut nous permettre une reconnexion en profondeur avec nous-mêmes. La nature n'est pas à l'usage exclusif des poètes et des vagabonds : la nature est en nous tous, de même que nous sommes en elle. Elle est fondamentalement diversifiée, interdépendante, et sans cesse renouvelée : continuons de nous en inspirer, de l'imiter ; ce biomimétisme est très certainement la voie de la réconciliation, pour nous-mêmes, pour l'écosystème et pour les générations à venir.

Se changer, en remontant dans l'arbre ? Un peu basique diront certains, les arbres et les plantes c'est un retour en arrière dans l'évolution de notre histoire. Francis Halle aime à rappeler que : *« les plantes sont plus évoluées que nous. L'être humain, qui se croit au sommet de l'évolution, compte 26 000 gènes dans son ADN. On a découvert que le génome du riz en détient 50 000. Le double. Ça a été un choc pour les biologistes, qui pensaient que plus un organisme était évolué, plus il comptait de gènes. Fallait-il tout revoir? "Pas du tout" nous a répondu le généticien Axel Kahn, "le riz est plus évolué que l'homme: essayez donc de passer l'hiver le pied dans l'eau froide, à vous nourrir exclusivement de lumière, de soleil et de gaz carbonique. Vous n'y arriverez pas, car votre équipement génétique est insuffisant". En réalité, les règnes animal et végétal ne sont pas en compétition. Mais nous sommes partis dans deux directions différentes, et la plante est allée plus loin que nous».* De quoi s'interroger sur son rapport aux plantes et au monde...

Voilà un exemple typique ou une certaine pensée unique tend à dévaloriser les plantes, et le naturel, au nom de la science et du progrès technique, alors même que la science donne raison à la nature.

On trouve la même injustice faite aux plantes dans la médecine, reléguées au statut de médecines douces ou médecines alternatives, alors même qu'elles sont à l'origine d'un grand nombre de médicaments, et qu'elles comptent un nombre d'actifs bien plus important que les médecines allopathiques. À nouveau, il ne s'agit pas de les opposer, mais de montrer le décalage et reconsidérer nos connaissances. Savoir questionner la pensée unique et accepter notre ignorance.

La reconnexion à la nature passe par la reconnaissance de la biodiversité humaine

Dans la globalisation, on pourrait ne garder que le meilleur: d'un côté, une gouvernance mondiale pour garantir la Paix, avec les Nations Unies; de l'autre, travailler à la préservation et à la valorisation de la biodiversité des cultures et spiritualités.

Mais nous faisons l'inverse, nous insistons de plus en plus sur les frontières politiques, les communautarismes (nationalisme, patriotisme), les intégrismes, et au niveau de la culture et de la spiritualité, nous allons vers un écrasement, une uniformisation, un nivellement par le bas. Les pays occidentaux veulent inonder le reste du monde de leurs produits, mais aussi de leur mode de vie, de leurs cultures et croyances, celles-ci se voulant dominantes, au même titre que leur modèle scolaire et éducatif. Ils veulent universaliser une culture, qui n'est qu'une parmi d'autres.

Je suis souvent mal à l'aise quand j'observe ces phénomènes. Comme si le capitalisme nourrissait un néo-colonialisme, un impérialisme économique, culturel et spirituel. On regarde tous vers les États-Unis (peut-être pas tous, mais en tout cas une grande majorité d'entre nous), alors que leur modèle est des plus déséquilibrés dans le rapport à la nature : l'empreinte carbone d'un Américain moyen est 200 fois plus élevée que celle d'un Éthiopien, et si les Éthiopiens demandent légitimement à avoir accès à plus de développement, celui-ci ne doit pas être calqué sur le modèle américain, car sinon il va nous falloir 10 planètes pour supporter l'empreinte globale.

Aujourd'hui, les États-Unis – 320 millions d'habitants, soit 4,5 % de la population de la planète – représentent 25 % des émissions de CO_2 mondiales. Si l'humanité tout entière suit ce modèle, alors qu'il n'est déjà plus du tout équilibré, les émissions vont exploser. Au niveau même de l'individu, a-t-on envie de créer des sociétés gloutonnes et obèses dans ces proportions ?

Pourquoi se dirige-t-on irrémédiablement vers une uniformisation des goûts, de la culture, du paysage politique et des « grandes religions » ? On a l'impression qu'une pensée unique, mue par une logique implacable veut s'imposer.

Se réconcilier avec la nature via la biodiversité culturelle et religieuse

Je suis toujours choqué quand, en Papouasie, au Ghana, au Brésil ou en Thaïlande, les personnes que je rencontre n'osent pas affirmer leurs convictions et croyances animistes, parce qu'on leur a imposé une évangélisation du Livre, qu'elle soit chrétienne ou musulmane. Ces religions animistes sont pourtant extrêmement sensées et utiles: leurs principes assurent généralement l'équilibre entre les activités humaines et la nature, et les forêts sacrées sont généralement situées dans des zones écologiquement sensibles. En Inde, la sacralisation des vaches n'est pas uniquement spirituelle, elle a aussi une fonction matérielle logique: le bœuf, essentiel à l'agriculture, a besoin d'une vache pour naître. Qui plus est produire de la viande de bœuf pour la consommation entraînerait une trop grande empreinte sur la forêt, elle-même nécessaire à l'alimentation des hommes. Enfin une vache vivante, c'est du lait, de l'engrais, du combustible et de l'énergie pour la traction.

Pourquoi vouloir détruire ce lien sacré entre l'Homme et la nature? Nous détruisons de la valeur pour ensuite tenter de colmater les brèches avec une solution «one size fits all» (taille unique), alors que chaque culture, chaque histoire et écosystème est différent. Cette uniformisation est recommandée par différentes églises: une évangélisation, souvent à grand renfort de subventions ou à marche forcée, quitte à déstabiliser des structures sociales et des croyances en place, pour ensuite tenter de rééquilibrer avec d'autres, importées. Nous détruisons les écosystèmes spirituels locaux, au même titre que dans l'agriculture, la pratique de l'abattis-brulis combinée avec les pratiques agricoles intensives et monoculturales, sont très destructrices des écosystèmes locaux.

Nous avons besoin de toutes les spiritualités, et en particulier de celles inspirées de la nature, celles qui sont interdépendantes avec leurs écosystèmes. Leur diversité nous permet de mieux comprendre la complexité de la nature, de ses échanges et de ses lois, via différents prismes et visions complémentaires.

Pourquoi vouloir les effacer, les nier et les reléguer au rang de *sectaires* ou *primaires*? Il est incompréhensible pour moi de voir comment, encore aujourd'hui, nous dénigrons ces spiritualités ; il existe vraiment une sorte de condescendance de la part des religions du Livre vis-à-vis de tout représentant ou de pratique religieuse des peuples premiers, par exemple. Comme si eux, ne faisant pas partie d'une institution, ne pouvaient prétendre à la même légitimité spirituelle. C'est un véritable non-dit, un peu tabou, mais bel et bien présent. Lors de réunions interreligieuses, j'ai remarqué que les chamanes et les chefs spirituels animistes sont souvent présentés en second plan. Forcément : « Ils n'ont pas de Dieu, ni d'institution », « Ils sont encore dans les croyances anciennes », etc. Mais imaginez un extra-terrestre arrivant sur Terre et observant deux religions : l'une fondée sur le respect des ancêtres, de leur esprit, de celui des grands arbres, des pierres, des montagnes et des rivières ; l'autre, l'adoration d'un homme crucifié, mort par amour pour les autres hommes. Laquelle de ces religions est plus primaire ou plus barbare que l'autre ? Aucune.

Du rôle des religions dans notre rapport à la nature

Par ailleurs, les religions du Livre décrivent un rapport privilégié entre Dieu et l'Homme. Dans le christianisme Dieu aurait mis la nature à la disposition de celui-ci, pour satisfaire ses besoins. N'y aurait-il pas là un défaut d'interprétation ? Si tant est que l'Homme soit supérieur aux autres créatures de la nature (animales comme végétales), n'est-ce pas justement de son devoir de les respecter et de les protéger ? La déconnexion avec la vision divine d'appartenance à la nature (le jardin d'Eden) trouve-t-elle son origine dans l'acte d'avoir mangé le fruit défendu ? Ou bien, d'une vision anthropomorphe que ces religions ont de Dieu : un être surnaturel qui a créé l'Homme à son image et lui offre la nature pour la domestiquer, la dominer… et la détruire ? Et, en supposant que ce ne soit pas le cas, n'ont-elles pas tout de même encouragé ce rapport de domination, de libre arbitre sur le vivant?

Dans tous les cas, il me semble nécessaire pour ces religions de s'interroger sur le rapport que l'Homme doit (ré)entretenir avec la nature. En tant que croyances dominantes, elles ont le devoir de participer à changer la donne et elles pourraient s'inspirer des autres religions et pratiques, fondées elles sur l'observation des lois de la nature, afin d'enrichir leur catéchisme. Notons que, le 18 juin 2015, le Vatican a rendu publique une encyclique du pape François relative à l'environnement, un appel aux *puissants* à agir rapidement pour sauver la planète, «car celle-ci est l'œuvre de Dieu». Il a par la suite annoncé le 1er septembre comme une journée mondiale de prière pour la sauvegarde de la Création. C'est très encourageant. Il est fondamental que les religions et leurs hauts responsables le rappellent, car leur influence est grande dans la plupart des pays du sud, et souvent très suivie. L'intégration ou la réaffirmation de la dimension environnementale comme étant une dimension fondamentale de la religion est cruciale. Couper un peuple de sa spiritualité, la minimiser, c'est le couper de ses racines, lui faire perdre le sens de son rapport à la nature et à l'humanité.

S'en inspirer avec le biomimétisme

Les sujets comme l'économie circulaire ou le biomimétisme me paraissent les plus prometteurs, car ils proposent la perspective de réintégrer notre mode de développement dans une vision circulaire et non plus linéaire, comme c'est le cas actuellement. La nature est cyclique. Ils nous apprennent à observer comment fonctionne la nature et à nous en inspirer, à l'imiter. C'est là que réside le plus grand potentiel de développement, dans tout ce qui est suggéré par la nature et non uniquement issu de notre esprit. Ses multiples interdépendances seront toujours plus riches que n'importe lequel de nos raisonnements, restreints par les limites de notre réflexion. C'est aussi un appel à l'humilité, à réduire notre ego, au non-agir comme dirait Masanobu Fukuoka. Il faut reconsidérer le mode de fonctionnement et l'objectif de nos innovations au regard du fonctionnement des lois de la nature.

Nous avons à notre portée et déjà présents gratuitement dans la nature, un savoir et des ressources incroyables. Mais au lieu d'orienter notre intelligence et nos moyens sur une meilleure connaissance de tout cela, nous les détruisons massivement, pour ensuite aller chercher des solutions uniquement à partir de notre pensée. Comme si, avant même de démarrer notre apprentissage à l'école, nous commencions par brûler toute la bibliothèque, pour n'apprendre que par nous-mêmes. C'est faisable, mais il y a plus simple et moins coûteux. Des personnes comme Janine Benyus aux États-Unis font figure de pionniers en la matière. Elle nous conjure d'aller regarder dans la nature les trésors d'innovations qui sont offerts, des matières les plus lisses aux plus adhérentes, des plus robustes aux plus souples, des formes aérodynamiques, des matériaux aux propriétés et résistances uniques. C'est une injonction un peu folle : allez observer la peau d'un requin ou les pattes d'une langoustine plutôt que de faire tourner des ordinateurs surpuissants. D'après tous les chercheurs en biomimétisme, une réorientation de la science sur l'observation et l'imitation du vivant serait bien plus créatrice de valeur économique, et réductrice de notre empreinte sociale et environnementale.

Considérons : à l'exception de l'Homme, tous les animaux produisent des déchets totalement assimilables et régénérateurs de l'écosystème, dont nous dépendons. Il y a donc scientifiquement une grosse erreur dans l'équation due aux activités humaines. Les clés du rééquilibrage sont dans l'observation de la nature, et pourtant notre esprit nous entête à vouloir chercher ailleurs des solutions, qui risquent de créer un déséquilibre encore plus grand avec la nature. Nous en revenons à la vision de Masanobu Fukuoka.

À ne pas vouloir imiter la nature, nous nous en éloignons de plus en plus, à notre propre détriment, nous orientant vers des désordres toujours plus grands.

Pour remonter dans l'arbre,

il faut savoir remettre en question les idées reçues, ses préjugés. Analyser comme un médecin, se battre comme un soldat et prier comme un moine. Se changer intérieurement pour être en mesure de changer les autres collectivement. Un dépouillement matériel et mental, pour mieux voir le monde, et se reconnecter à soi-même.

Partie I

Pourquoi remonter dans l'arbre ?

Petite histoire et aberrations de l'exploitation intensive des ressources.

À présent, voici le début du raisonnement, pourquoi il nous faut remonter dans l'arbre, en partant de l'exemple du secteur agricole.

Pour ceux qui aiment sauter de branche en branche, qui sont pressés et déjà convaincus que la Terre ne tourne plus rond, il est possible de se rendre directement à la seconde partie et aux suivantes, centrées sur les solutions.

FONCTIONNEMENT D'UNE AGRICULTURE INTENSIVE

Selon la FAO (l'Organisation des Nations Unies pour l'alimentation et l'agriculture, soit Food and Agriculture Organization)[1],

1. http://www.fao.org/forestry/en/

93 % des causes de la déforestation sont d'origine agricole. En effet, on ne coupe que très peu la forêt pour faire du bois d'œuvre ou du papier: dans la grande majorité des cas, c'est pour planter du maïs, du soja, des palmiers à huile, ou faire de l'élevage.

Dans 60 % des cas (toujours selon la FAO), c'est un groupe agro-industriel ou un fermier indépendant (33 %) qui va acquérir une parcelle forestière ou un milieu naturel intact. Il va alors raser la végétation, couper tous les arbres, ne vendre que les plus précieux et brûler tout le reste pour bien tout «nettoyer», terrasser, remodeler le terrain, afin de faciliter le passage d'engins agricoles pour la culture et la récolte. Une fois tout l'écosystème ainsi perturbé, il va mettre en place les moyens d'alimenter les défaillances de ce champ: à commencer, par exemple, par la construction d'une réserve d'eau, entraînant ainsi une nouvelle perturbation du sol, soit par le creusement d'une grosse tranchée, la construction d'un petit barrage, ou la déviation d'un cours d'eau. Il va ensuite acheter des intrants chimiques, et des produits phytosanitaires pour faire face aux attaques de nuisibles (insectes, virus…), attaques liées elles-mêmes à la dégradation des équilibres écosystémiques. Pour reprendre l'adage populaire, c'est le serpent qui se mord la queue.

Dans le Yunnan, en Chine, en 2014, lors de visite de champs de café et de thé récemment mis en place, j'ai été frappé par ce phénomène. Auparavant, il y avait une forêt, des arbres d'ombrage, qui protégeaient un sol riche et humide, un écosystème parfait pour planter du thé ou du café, qui sont des essences forestières. Mais les fermiers, plutôt aisés dans cette région, ont loué des bulldozers pour mettre en place une «agriculture moderne», dont ils sont très fiers. Ils ont tout rasé, brûlé, puis ils ont terrassé le terrain. À présent, la terre est rouge, totalement dégradée, il n'y a plus aucune matière organique dans le sol, tout est sec. Et désormais, les fermiers utilisent d'énormes quantités de produits phytosanitaires pour pallier ces carences.

Évidemment, ils veulent construire un barrage pour récupérer de l'eau et irriguer leurs champs. Voilà « l'agriculture moderne »! On marche sur la tête! Et je ne pointe pas spécifiquement du doigt la Chine: ce cas n'est pas isolé, il est mondial.

Détruire l'équilibre préexistant, le poids de la culture

Pourquoi donc avoir choisi, dans un premier temps, de tout détruire pour ensuite alimenter l'écosystème agricole artificiellement? N'est-il pas plus logique d'étudier les conditions en présence, les potentialités et de les utiliser pour maximiser l'utilisation des ressources et réduire la nécessité d'intrants? L'écosystème de départ, qu'il s'agisse d'une forêt ou d'un autre milieu naturel intact, est optimum en terme de ressources naturelles disponibles. C'est un milieu qui, par définition, par sa simple existence, est en équilibre, adapté aux conditions locales. Pourquoi vouloir absolument le perturber? Cela n'a pas de sens agronomique, ni même économique.

Certes, on ne peut pas préserver l'intégralité du milieu si l'on veut cultiver, mais de là à tout détruire, il y a un juste équilibre à trouver. Il est vrai, aussi, que ce n'est pas parce qu'un milieu est naturel qu'il est forcément équilibré. Comme tout organisme vivant, il n'est pas exempt d'imperfections, dues à divers facteurs tels que climatiques, historiques, géologiques, etc. On peut alors renforcer des éléments de cet écosystème, planter des arbres dans des zones d'érosion naturelle ou le long de cours d'eau par exemple, mais pas tout raser. Ce n'est pas logique.

Les exemples de fermiers qui ne rasent pas tout et ne brûlent pas leurs terres sont heureusement multiples. Ils gardent le maximum de ressources en présence pour faciliter le développement des cultures agricoles et avoir ainsi une ferme bien plus protégée, riche et résiliente que s'ils avaient tout détruit.

Pourquoi ne sont-ils pas imités? La réponse se trouve dans le poids des habitudes et l'influence d'une forme de pensée unique dans le domaine agricole, qui veut qu'un champ «moderne» soit nécessairement monocultural et sans arbres. Tout le monde a en référence les immenses exploitations intensives américaines, australiennes ou même la Beauce en France. De part et d'autre de la planète, les agronomes ont été éduqués suivant ce modèle, et ils engagent ensuite tous les producteurs à le suivre, au nom de la modernité et du progrès.

Mais les champs ouverts (on désigne par ce terme – open-field en anglais – des champs qui se caractérisent par leur absence de haies, de clôtures et d'arbres, présentant un paysage en parcelles uniformes) montrent rapidement leurs limites, surtout en milieu tropical. Les pluies délavent les sols et emportent la matière organique nécessaire aux cultures. Ils sont alors asséchés par les vents, qui couchent les cultures, brûlées par le soleil. À cela s'additionnent les machines et le bétail qui compactent le sol. Dans ce milieu, au bout de quelques années – à peine deux ou trois – le champ devient quasi infertile. Là où se trouvait un écosystème riche et diversifié, ne reste plus qu'une zone dégradée, tout juste adéquate pour de l'élevage extensif (petite densité d'animaux à l'hectare) à très faible valeur ajoutée. Pour poursuivre son activité, l'agriculteur «moderne» va devoir aller raser une nouvelle forêt, pour recommencer à l'identique.

Ces recommandations agronomiques, je les ai observées dans tous les pays où nous travaillons. Un comble de l'absurdité lorsqu'on sait que café ou cacao ont naturellement besoin d'ombre pour leur développement.

Un modèle pervers et aberrant économiquement

La notion d'écosystème (soit donc les interdépendances qui régissent un milieu donné), qui est le cœur du fonctionnement de la nature, est complètement occultée. L'agriculture intensive ne voit le sol que comme un substrat dont on utilise trois ressources principales: l'azote, le phosphate et le potassium. On s'assure de leur présence, appelé complexe NPK (N: Azote, P: phosphore et K: potassium), et si le sol présente un déséquilibre, on rajoute un ou plusieurs de ces trois éléments. Cela va rarement plus loin. Le sol n'est qu'un composant dont on extrait le maximum sans penser à le régénérer par des moyens naturels, par exemple en étudiant et préservant la microfaune, qui rend pourtant des services multiples et gratuits à l'agriculteur.

Quel agriculteur s'est enrichi grâce à ce modèle intensif? Aucun, à moins de disposer de centaines ou de milliers d'hectares de terrain. Et ceci en quelque endroit du globe que ce soit, en milieu tempéré comme tropical. Cette voie *moderne* est sans issue pour les fermiers, elle ne fait que grossir la part de la valeur ajoutée qui revient aux complexes agrochimiques, tant sur les intrants que sur les achats de denrées. Cette voie réduit la part de l'agriculteur à un salaire d'ouvrier, quand ce modèle ne l'accule pas à la faillite. Le ratio est simple: les intrants chimiques représentent souvent la première source de dépenses pour le fermier, soit en moyenne 30 %[1] de son chiffre d'affaires. Donc, lorsque vous achetez une tomate à l'un de ces fermiers, vous achetez pour 30 % d'intrants chimiques.

On a voulu appliquer un modèle industriel à l'agriculture, et les intérêts financiers de groupes agrochimiques en ont bien profité. Cela s'est fait au détriment des fermiers et des écosystèmes: les premiers s'en trouvent endettés, et malades pour beaucoup; les seconds très fortement dégradés et pollués.

Certains répondent qu'il est facile de «refaire l'histoire», mais qu'après la Seconde Guerre mondiale, c'était un impératif

---

1. Source: calcul de couts de production Pur Projet dans le cadre de missions d'Insetting

de trouver des solutions pour nourrir une population croissante : certes. C'est cependant ignorer, ou méconnaître, ou refuser de savoir, qu'il était aussi et surtout impératif de recycler l'industrie des armes chimiques, alors bannies, dans un nouveau secteur, et que c'est l'agriculture qui a servi de débouché pour assurer cette continuité. Il faut également prendre en compte l'une des motivations du plan Marshall : si les États-Unis participent activement à la reconstruction de l'Europe, c'est aussi pour maintenir le plein emploi chez eux, et ce via le commerce de nombre de leurs produits, notamment les tracteurs, ceux-là mêmes qui allaient bouleverser pratiques et paysages[1].

Aujourd'hui encore dans de nombreux pays du sud, on utilise toujours des produits chimiques dangereux comme le DDT ou le Paraquat, interdits depuis longtemps en Europe et aux États-Unis. Je l'observe régulièrement sur le terrain. Des produits de contrebande encore plus dangereux sont utilisés, des faux phytosanitaires à la composition trouble. Au Brésil, on retrouve ainsi des produits qui viennent du Paraguay, aussi inefficaces que dangereux.

Un autre enjeu est la formation des agriculteurs : leur expliquer, par exemple, qu'il y a différents types de produits phytosanitaires et que face à une attaque d'insectes, un herbicide est totalement inefficace. Une grande majorité des petits producteurs est illettrée ou peu lettrée, et a donc du mal à comprendre ou identifier la différence entre un fongicide et un pesticide ou un herbicide. En conséquence, il utilise alors toujours le même produit, en grande quantité, quel que soit le problème. Le résultat est catastrophique : il se ruine à l'achat, puis pollue et détruit son écosystème, et finalement détériore sa santé ainsi que celle de sa famille (consommation des aliments ainsi produits, enfants qui jouent dans les champs, etc.).

1. Voir : *Adieu Paysans*, film documentaire d'Audrey Maurion (2014)

Une première évolution dans la pensée de l'agriculture intensive a donc donné naissance à ce qu'on appelle l'agriculture «raisonnée»: c'est simplement l'utilisation des phytosanitaires en respectant les lois nationales et en essayant d'en utiliser juste la quantité assimilable par l'écosystème, donc sans excès.

À nos yeux, cette façon de faire n'est pas vraiment une solution, juste une manière de dire «nous respectons les lois en terme d'utilisation de produits phytosanitaires, et les recommandations des vendeurs de produits chimiques en terme de dosage et méthodes d'application des produits». Pas de quoi se valoriser. Certaines entreprises s'en félicitent pourtant. Mais la vision, pour une véritable conversion, n'est pas là. C'est un peu comme de se dire «je vais continuer à me droguer, mais juste un petit peu, raisonnablement.»

Souvent, en visitant des fermes où l'on utilise des produits chimiques, le fermier, quand il m'invite à déjeuner ou manger un fruit ou un légume de son exploitation, veut me rassurer en me rappelant que pour sa production personnelle et familiale, il n'utilise pas de phyto. Chez un fermier brésilien, producteur d'oranges et de soja OGM, je me souviens très bien de son air gêné lorsqu'est venu le temps de passer à table; il s'est voulu rassurant: «Vous savez, on ne consomme pas ces cochonneries, nous. Les produits traités chimiquement ou les OGM, ça, c'est pour la vente sur le marché. Nous, notre potager est entièrement bio, c'est bien meilleur et on se sent plus sereins.» Un élément quelque peu amusant et surtout très révélateur. Les consommateurs doivent le savoir.

AUTRE EXPLOITATION DES RESSOURCES: LA MINE, LA FILIÈRE OR

Le parallèle entre agriculture et extraction minière est intéressant. Nous avons travaillé pour le groupe LVMH (Louis

Vuitton, Bulgari, Dior, De Beers…) [1]sur une mission de sourcing d'or équitable et *conflict-free*[2] ; c'est-à-dire un or qui ne finance pas de conflits régionaux (les mines pouvant parfois, comme au Congo RDC, financer des groupes terroristes). Le groupe LVMH voulait un or extrait et commercialisé suivant des conditions socio-environnementales vertueuses.

À travers notre cartographie des filières existantes, nous avons identifié qu'il y avait deux types de mines, l'une artisanale et l'autre industrielle. Les mines artisanales sont gérées par des indépendants ou de petites sociétés ou coopératives qui creusent un petit tunnel à taille humaine et vont chercher un «filon». Un filon est une nervure dans le sédiment où le précieux métal va être présent en grande quantité, comparativement au reste de la roche. Les mineurs partent «à l'aveugle» chercher ce filon en creusant un tunnel puis, une fois le filon trouvé, ils le suivent. L'or en est extrait après réduction de la roche en poussière, au moyen de plomb et de cyanure.

Dans le cas d'une mine industrielle, c'est littéralement la totalité de la montagne qui est rasée puis réduite en poussière afin d'en extraire l'or. Cette filière industrielle est 1 000 à 10 000 fois plus impactante en termes d'empreinte énergétique et climatique que la filière artisanale.

Par ailleurs, localement, la mine artisanale procure un grand nombre d'emplois et de ressources. Comparativement, les industries minières, très mécanisées, emploient très peu de personnel. Elles sont possédées par des firmes multinationales qui optimisent la fiscalité, et laissent donc très peu de richesses localement en rapatriant les profits dans des paradis fiscaux. En plus de cela, pour obtenir leurs concessions, les mines industrielles ont besoin d'appuis politiques. Cela passe souvent

1. http://www.lvmh.fr/groupe/engagements/environnement/
2. http://www.responsiblemines.org/en
http://www.gold.org/gold-mining/responsible-mining/conflict-free

par la corruption de fonctionnaires, voire, dans certains cas, par le financement de groupes terroristes locaux qui contrôlent le territoire. La mine artisanale n'empêche pas cela, mais disons qu'elle bénéficie plus aux populations locales qui ont extrait l'or.

Quelle utilité cela a-t-il pour un pays de laisser un groupe industriel exploiter une mine d'or, et ainsi détruire l'environnement, sans générer d'emplois ni de ressources pour les populations locales, voire en déstabilisant les forces en présence au profit de groupes terroristes et mafieux?

Et c'est souvent la même chose dans l'agriculture intensive mécanisée, où la création d'emplois est très limitée et les dégâts sur l'environnement colossaux. Que ce soit pour une mine ou pour l'agriculture, il faut changer le modèle, il faut donner la priorité à des exploitations à taille humaine, qui réduisent l'impact sur l'environnement et maximisent la création d'emplois. C'est impératif.

Et c'est possible. À travers cette mission, nous avons pu identifier des mines artisanales qui avaient mis en place des pratiques vertueuses, que ce soit sur les conditions d'emploi, la gouvernance ou la réduction de l'empreinte de la mine sur l'environnement. C'est une façon d'envisager l'exploitation sous l'angle du développement durable (notamment parce que soucieuse de la protection des ressources en eau, de la biodiversité, mais aussi des conditions de vie des peuples autochtones). C'est encourageant pour l'avenir des pratiques dans la joaillerie de se dire qu'il est possible d'acheter des bijoux qui défendent une certaine responsabilité sociétale et environnementale. Car quel sens cela a-t-il d'acheter un anneau de mariage qui a un impact désastreux sur l'Homme et l'environnement, et dont l'acquisition contribue au financement de groupes terroristes? La question se pose à l'identique pour les diamants et de nombreuses autres ressources.

Certes, ce n'est pas parce que « c'est petit » que « c'est bien »... Dans la mine comme dans l'agriculture artisanale, les conditions de travail sont souvent informelles: pas de fiches de paie ou de cotisations sociales, des conditions de sécurité et d'hygiène peu favorables, etc. Cependant, il faut y voir leur capacité à participer au développement socio-économique des populations défavorisées et du pays, bien plus que dans le cas des mines industrielles. Le chemin vertueux à partir de la mine artisanale est à construire et le terreau est bon, tandis que le modèle de la mine industrielle est biaisé dès le départ: ce n'est rien d'autre qu'un business qui bénéficie principalement à un gros groupe.

Pourquoi ce parallèle avec l'agriculture? Parce que son modèle industriel peut conduire à des désordres écologiques, économiques et sociaux graves, exactement de la même façon que pour les mines. Il en est de même quand on considère la pêche et l'élevage.

LA PÊCHE: UNE EXPLOITATION QUI TARIT LES OCÉANS

De même que l'on ressent le besoin de raisonner l'agriculture, on observe le même besoin d'infléchir les pratiques dans le domaine de la pêche: on assiste en effet, aujourd'hui à un véritable pillage dramatique et sans précèdent des ressources aquatiques (animales et végétales), depuis les chaluts qui raclent le fond des océans jusqu'aux cours d'eau amazoniens où l'on pêche à la dynamite. Cette dernière pratique, nous l'observons dans le cadre de notre projet Martin Sagrado, en Amazonie Péruvienne: pêcher ainsi n'a aucun sens, car cela coûte cher et ce n'est évidemment pas durable du tout. Il s'agit simplement d'une solution de facilité, et probablement d'une forme de modernité. De fait, la pratique perdure en dépit de son aberration absolue et malgré ses nombreux et très importants dommages collatéraux.

Encore aujourd'hui, nous connaissons mieux la lune que les océans. Et l'absence de visibilité directe des fonds marins encourage tous les excès. Une prise de conscience est nécessaire.

Actuellement, nous démarrons des projets de corralliculture en Indonésie et Thaïlande : il s'agit de planter du corail, en partenariat avec les communautés locales, et de stimuler leur croissance en faisant passer un très faible courant électrique qui l'accélère et les renforce. L'objectif est de régénérer cet écosystème marin dans des zones dégradées par la surpêche, le tourisme et, globalement, la pollution des océans et leur acidification en raison du réchauffement climatique.

En étudiant le sujet, nous nous sommes rendu compte que les enjeux sont similaires à ceux de la forêt. La destruction est globale et massive, et la solution ne peut passer que par une gestion locale de ces enjeux, avec l'appui de financements extérieurs pour assurer les investissements dans les projets. Un hectare de corail représente l'écosystème le plus riche qui soit en termes de création de services écosystémiques, car le corail est à l'origine de la chaîne alimentaire des océans. Il est pourtant détruit dans des proportions très significatives, mettant en péril l'avenir de ces mers et de ces régions. Corail et forêt sont tous deux détruits alors même qu'ils nous rendent de multiples services gratuitement, et nous nourrissent.

Tout comme pour la forêt, il s'agit de régénérer la ressource d'un côté, notamment en plantant, et de l'autre de participer à la préservation de larges aires marines, partout où ce patrimoine est à protéger du fait de sa richesse et/ou de son caractère menacé. Ces deux activités, régénération et conservation, sont complémentaires, en particulier parce que la culture de corail est limitée en superficie et a un coût très important.

L'autre grand paramètre quant à la faune marine, c'est bien évidemment la surpêche, et notre consommation de ces produits de la mer. Le problème est à double entrée.

D'un côté, il y a de véritables usines flottantes qui sillonnent mers et océans, dirigées par des outils de navigation à l'affût du moindre banc de poissons, équipées de filets aux dimensions pharaoniques. Les poissons sont capturés dans des quantités hallucinantes et au moyen de techniques qui non seulement détériorent les écosystèmes, mais donnent aussi lieu à d'importantes prises accessoires – citons par exemple les dauphins, captures collatérales de la pêche au bar. Par extension, les répercussions de ces pratiques ont des conséquences des plus néfastes sur des populations qui jusqu'alors vivaient de la pêche et qui se retrouvent maintenant en grande précarité, car confrontées à des eaux vides de toute nourriture. C'est l'une des causes de la naissance de la piraterie en Somalie.

Mais les industriels de la pêche ne sont pas les seuls responsables: de l'autre côté, il y a le consommateur. Acheter ou ne pas acheter est de sa propre responsabilité, et il est aujourd'hui facile de se procurer les listes de poissons à ne pas consommer ou avec modération. Pourtant il suffit de regarder les étals des poissonniers sur nos marchés pour constater: des espèces grandement menacées – la sole, par exemple – y sont toujours en grande quantité, preuve qu'elles sont toujours parmi les plus vendues. Il est pourtant important de noter qu'elles sont aussi de plus en plus petites, c'est-à-dire pêchées de plus en plus jeunes, réduisant d'autant la capacité de l'espèce à se reproduire. Notons enfin la vente de poissons interdits à la pêche, mais affublés d'un autre nom (celui d'un poisson autorisé) parce que l'acheteur ne sait pas du tout à quoi il ressemble « en vrai » (exemple notoire: le sébaste, poisson d'eau profonde en grand danger, vendu comme rascasse ou daurade).[1]

La surpêche est un véritable problème, un fléau, et notre consommation est elle aussi pleinement à prendre en considération.[2]

1. Réf: *guide conso-citoyen: les espèces profondes*, édité par Greenpeace. Voir aussi: http://www.bloomassociation.org/

2. Voir: *The End Of The Line: l'océan en voie d'épuisement*, film documentaire de Rupert Murray (2009)

L'ÉLEVAGE ET LA CONSOMMATION DE VIANDE: UN ENJEU COLOSSAL, LA QUESTION ÉTHIQUE EN PLUS

En 1989, j'avais 16 ans et comme beaucoup, j'avais un job d'été: c'était dans une ferme d'élevage de poulets, en Caroline du Sud, aux États-Unis. Ils fournissaient Mc Donald et Campbell Soup. 80000 poussins arrivaient toutes les 6 semaines, et on avait 5 semaines pour en faire des poulets: aucun d'entre eux n'est jamais sorti des hangars. Progressivement, au fur et à mesure qu'ils grandissaient, l'espace se réduisait, jusqu'à ce qu'il soit très difficile de circuler entre eux, et le bâtiment se remplissait de poussière, de déjections et de plumes. Tous les jours, à l'aube, la première chose à faire consistait à repérer ceux qui étaient potentiellement malades, à les attraper, puis à leur tordre le cou, afin qu'ils ne contaminent pas les autres.

Nous sortions ainsi des seaux entiers de poulets morts chaque matin de ces entrepôts saturés d'odeurs de fiente, qu'on amenait ensuite dans un charnier où l'on mettait de la chaux vive sur les cadavres. Puis, venait l'heure du petit déjeuner... Je crois que c'est à partir de là que j'ai décidé d'être végétarien: je ne souhaitais plus cautionner ce modèle concentrationnaire, indigne tout autant pour ces pauvres poulets que pour nous, humains.

Sommes-nous si intelligents que ça? Vraiment? J'ai mis 10 ans pour me dire «j'arrête de cautionner ce modèle», et pour arrêter concrètement. Le propos qui suit est donc forcément biaisé. Néanmoins il se base sur des données scientifiques. Amoureux de la viande, passez au chapitre suivant, je ne voudrais pas gâcher votre plaisir...

Les enjeux réels de la consommation de viande

60 milliards d'animaux sont sacrifiés chaque année pour notre alimentation. Aux États-Unis, rien que pour Thanksgiving, 18 millions de dindons sont abattus : un véritable massacre au nom d'une fête traditionnelle censée remercier la nature pour les récoltes de l'année. Tout un paradoxe.

L'élevage pose de nombreuses questions, en premier lieu sur les conditions cauchemardesques dans lesquelles les animaux sont élevés, transportés et abattus. Ensuite, quant à l'empreinte environnementale très significative de la viande, en particulier celle de bœuf et de veau. En effet, pour nourrir ces animaux, il faut produire du grain, soja ou maïs, qui nécessite des terres cultivables, des engrais et de l'eau. Concrètement, pour produire un kilo de steak de bœuf, il faut 16000 litres d'eau et une surface cultivée de 60 m^2. La production de ce kilo de viande émet alors indirectement 40 kg de CO_2, soit l'équivalent d'un trajet de 200 km en voiture : c'est l'empreinte écologique la plus importante des différentes productions alimentaires. Le porc, c'est déjà moitié moins et la volaille un quart. À titre de comparaison, 1 kg de pain ou de fruits et légumes (locaux, bio et de saison) représente 200 grammes d'équivalent CO_2, soit 200 fois moins![1]

Autre constat : 60 % de la déforestation trouve son origine directement dans notre consommation d'aliments carnés ; la forêt disparaît au profit de terres agricoles destinées à l'alimentation animale. On consomme aujourd'hui en moyenne 20 kilos de viande par an dans les pays pauvres contre 80 kg par an dans les pays riches, et la tendance est à l'augmentation à mesure que s'accroît le niveau des revenus.

Au regard de l'augmentation de la population mondiale, si chacun veut consommer 80 kg de viande par an, il n'y aura alors plus un seul mètre carré de forêt sur Terre.

---

1. Source : Facteur d'émission ADEME

Par ailleurs, 80 % des tourteaux de soja qui nourrissent le bétail en Europe viennent du Brésil, du Mato grosso ou du Parana, où l'on a rasé la forêt amazonienne pour planter du soja, OGM en grande majorité. Manger du poulet ou du bœuf premier prix, c'est donc l'assurance d'ingérer directement des OGM, qui plus est au détriment de la forêt et d'une biodiversité incroyable: cela vaut-il le coup?

Les faillites en cascade des élevages de poulet *discount* en Bretagne ont par ailleurs rappelé que ce modèle n'est durable pour personne. Il faut que tous les sites industriels et agroalimentaires qui sont fondés sur un modèle non durable et indigne vis-à-vis de la condition animale, comme l'élevage de poulets en batterie, ferment ou réalisent leur mutation vers un modèle soutenable (en accompagnant bien sûr le reclassement des salariés). Cette crise est finalement un excellent signal pour l'avenir. Il faut revenir à des élevages dignes pour les animaux et l'éleveur. Somme toute, climat et viande: même combat.[1]

Pour réduire son empreinte sur la forêt et le climat, diminuer sa consommation de viande, en particulier de bœuf ou de veau, est un levier très efficace. C'est même un impératif pour la préservation de la forêt et la réduction de notre empreinte globale. On peut très facilement remplacer notre besoin quotidien en protéines (environ 55 grammes par jour pour un humain moyen) par des noix, des céréales, des légumineuses, ou des œufs dont l'empreinte est beaucoup plus faible. Il ne s'agit pas de dire «Devenez tous végétariens!» mais de reconsidérer les dessous de notre consommation d'aliments carnés, les quantités que nous en consommons, et l'orientation que nous voulons donner aux règles d'élevage. 60 milliards d'animaux

---

1. Voir: *Cowspiracy: The Sustainability Secret*, film documentaire de Kip Andersen et Keegan Kuhn (2014)

exploités et tués dans des conditions indignes chaque année. À mon sens, c'est un holocauste.

Plus largement, ceci nous questionne sur les règles de respect de toute forme de vie sur Terre, qu'il s'agisse d'élevage ou de la biodiversité dans sa globalité.

Partie II

Comment remonter dans l'arbre ?

UNE AUTRE AGRICULTURE EST POSSIBLE

Il existe une agriculture positive, qui répare, valorise, fait vivre dignement les hommes et restaure les écosystèmes tout en utilisant la pensée scientifique.

Croire que l'on va trouver les solutions à un problème en utilisant les raisons qui les ont engendrées, c'est tout simplement de la folie, nous dit Albert Einstein. Reproduire le même modèle en espérant qu'il donne un autre résultat, c'est aussi un non-sens logique. Il faut en fait reconsidérer la nature pour ce qu'elle est: non pas juste une ressource comme une autre, linéaire, mais un écosystème, fait d'interdépendances et de cycles. Il faut savoir à nouveau l'observer, la comprendre et l'imiter; travailler avec les ressources disponibles plutôt que de les contraindre artificiellement.

C'est l'esprit même de l'agroécologie[1]: combiner développement agricole et préservation de la nature. Nourrir les

1. https://fr.wikipedia.org/wiki/Agro%C3%A9cologie

hommes tout en soignant la terre. Cela nécessite de revoir notre rapport à la nature, notre besoin de la maitriser. Cela nous invite à penser avant tout en écosystème.

En Thaïlande, et un peu partout sur Terre, j'observe les agriculteurs utiliser très régulièrement des herbicides pour «tuer les mauvaises herbes» qui entrent en compétition avec leurs cultures agricoles. Dans certains cas, on peut le comprendre, car il y a effectivement concurrence, mais dans la majorité des cas ces herbes ne sont pas en compétition avec les cultures et, au contraire, elles rendent des services utiles à l'agriculteur. Les bandes enherbées sont en effet un habitat naturel pour la microfaune et la flore, pour les insectes pollinisateurs (abeilles, papillons, cétoines, syrphes, etc.). Par ailleurs, une couverture végétale réduit les phénomènes d'érosion lors de fortes précipitations, en particulier sur les pentes. Dès lors, pourquoi vouloir tuer ces «mauvaises herbes»? Par ailleurs, plus vous utilisez des herbicides, plus ce sont les herbes les plus tenaces qui repoussent, les plus fragiles étant éliminées progressivement: ne reste plus alors qu'une seule espèce de «mauvaise herbe», toujours plus résistante.

Au lieu d'utiliser des herbicides, simplement couper ces herbes s'avère plus judicieux, notamment avant que les plus coriaces ne fleurissent et propagent leurs graines. Coupées avec régularité, elles fournissent un couvert végétal plus diversifié, avec des herbes tendres et une meilleure biodiversité. Et leur croissance est mieux contrôlée. Évidemment, au départ, cela nécessite un travail supplémentaire, car la coupe prend un peu plus de temps que la pulvérisation. Une charge largement compensée par l'abandon des achats de phytosanitaires, et par les bénéfices offerts par les auxiliaires de cultures, comme les insectes pollinisateurs qui vont augmenter le taux de fructification des récoltes, ou les vers de terre qui vont participer à la fertilisation des sols.

J'en ai fait l'expérience dans notre petite ferme de 4 hectares, au départ recouverte d'une seule espèce d'herbacée très tenace, urticante et qui étouffait tout le reste. Le fermier qui nous a vendu cette terre utilisait systématiquement des fertilisants chimiques et des herbicides. Nous avons alors coupé ces herbes avant floraison et progressivement la diversité est revenue, en particulier un gazon tendre, ainsi que des marguerites et autres fleurs, que les insectes et les vaches apprécient tout particulièrement. À présent, nous entretenons très peu et c'est bien plus agréable d'avoir ce couvert végétal entre les rizières pour circuler.

L'AGRICULTURE BIOLOGIQUE : FAIRE SANS LA CHIMIE, ET BEAUCOUP PLUS ENCORE

Je n'ai jamais compris pourquoi il est dit nécessaire de se servir des phyto. À la Pure Ferme, nous n'en avons jamais utilisé et nous avons des rendements équivalents ou supérieurs aux fermiers des alentours qui en utilisent. L'agriculture biologique serait moins productive à l'hectare ? Partout dans le monde, j'ai travaillé avec des coopératives d'agriculteurs certifiées bio : ils n'utilisent aucun phyto, depuis 10, 20 ans ou plus et, en maitrisant la gestion de leurs écosystèmes, ils produisent plus à l'hectare qu'en production conventionnelle. Qui plus est, leurs pratiques entraînent des coûts en intrants plus faibles et des prix de vente supérieurs : le résultat net est donc bien plus élevé.

Ainsi au Pérou les producteurs de cacao de l'Alto Huayabamba produisent 800 kg de cacao en moyenne et jusqu'à 1,5 à 2 tonnes de cacao à l'hectare, 100 % en bio, et suivant des modèles agroforestiers. C'est un rendement très élevé. C'est 30 à 50 % de plus que les producteurs conventionnels de cacao de la même région. À à peine 20 kilomètres à vol d'oiseau, ils enregistrent seulement 600 à 800 kg de cacao produits à l'hectare. Pourtant, ils utilisent des produits phytosanitaires. Mais leur mode de production quasi monocultural, sans ombrage ou avec un ombrage et une combinaison agricole limités, a engendré une dégradation de leur écosystème tel que même avec 3 tonnes d'engrais à l'hectare, ils n'obtiendraient pas forcément mieux. Et ce cas se retrouve partout. Au départ, les fertilisants chimiques ont fonctionné, tout en engendrant un appauvrissement progressif des ressources naturelles, aggravé par les pratiques monoculturales et de rationalisation (coupe des haies et autres), afin de *moderniser* l'agriculture.

En Côte d'Ivoire, chez les petits producteurs conventionnels de cacao, le rendement moyen est de 400 kilos/ha, tellement leur écosystème est dégradé et la gestion de leurs parcelles peu durable. Il n'y a plus ou très peu d'arbres d'ombrage ainsi que peu de matière organique sur le sol, qui est donc sec et érodé.

Au Pérou encore, les producteurs de café d'Oro Verde produisent 1,2 à 1,8 tonne de café par hectare, également en bio à 100 %, soit nettement plus que leurs voisins conventionnels (800 kg à 1,2 tonne à l'hectare), qui n'utilisent pas de pratiques de régénération de leur écosystème, pensant que les phytosanitaires suffisent.

La vraie question, d'ailleurs, n'est même pas entre bio et non bio, mais entre une vision linéaire d'un côté et écosystémique de l'autre: souhaite-t-on réintégrer l'agriculture dans la nature ou bien la conserver dans une vision «hors-sol» sur bien des points?

Certes, les coûts en bio sont plus élevés quant à la main-d'œuvre pour l'entretien des parcelles, mais les intrants utilisés (compost, lombricompost, purin d'ortie, marc de raisin, consoude, fumier, lisier, vinasse de betterave, bouillie bordelaise, etc.), généralement produits sur la ferme par le fermier lui-même, ne coûtent rien, ou un prix marginal. Même sur le marché, les intrants naturels sont généralement vendus moins chers que les intrants chimiques, et le prix de ces derniers a tendance à augmenter parallèlement au prix du pétrole (notons qu'il faut 3 tonnes de pétrole pour fabriquer 1 tonne de fertilisants).

Globalement le producteur bio qui applique des pratiques agroécologiques produit donc au moins autant, voire plus, avec des rendements croissants (son écosystème s'enrichit), et des coûts d'intrants réduits (ils passent en moyenne de 30 % à 10 % de son chiffre d'affaires).

Surtout, il est intéressant de constater que les agriculteurs bio se sont réapproprié leur rapport à la nature et à leur métier, là ou beaucoup d'autres en sont réduits à pulvériser des phytos chaque fois qu'ils sont confrontés à un problème. Il y a une vraie satisfaction à produire en bio. Étymologiquement, bio signifie vivant (ce qui sous-tend la définition des autres productions alimentaires). En fait, cela veut juste dire travailler avec la nature, le plus naturellement du monde.

Il y a une forme de pensée unique qui veut nous faire croire que le bio c'est anecdotique, voire une «exception» ou une mode, mais c'est pourtant la manière dont on a toujours cultivé, jusqu'à la fin de la Seconde Guerre mondiale. De fait, c'est l'agriculture conventionnelle, utilisatrice de produits chimiques, qui est une exception dans l'histoire (depuis les années 1960 seulement), pas l'agriculture biologique. Voilà qui relativise pleinement la notion de pratique alternative.

LA BIODYNAMIE, UNE VISION HOLISTIQUE DE L'AGRICULTURE

L'agriculture biologique ne se limite pas juste à ne pas utiliser de produits de synthèse: c'est surtout une agriculture censée être équilibrée dans son rapport à son écosystème. En anglais, le terme *biologique* se traduit d'ailleurs par *organic*, qui traduit bien cette dimension écosystémique.

En 1954 en Suisse, est apparu le premier label d'agriculture biodynamique, Demeter[1], dont le cahier des charges suit les enseignements de Rudoph Steiner[2] (1861-1925, fondateur de l'anthroposophie, qui vise à restaurer les liens entre l'Homme et les mondes spirituels).

L'esprit de la biodynamie, c'est de concevoir l'ensemble de la production agricole dans une dimension écosystémique et même cosmique. Elle se distingue alors de l'agriculture biologique, car, dès le départ, elle s'envisage dans un rapport holistique aux lois de la nature. La vision des interdépendances déjà évoquées au service d'une agriculture saine et productive est poussée à son maximum. Il s'agit, par exemple, de prendre en compte l'influence déterminante des planètes sur les végétaux, notamment la lune.

L'agriculture biodynamique propose ainsi un calendrier de cultures où, à des époques précises, il est recommandé de dynamiser les cultures, en appliquant des préparations composées de déchets végétaux, animaux et de matière minérale. C'est l'ensemble de la biodiversité présente dans et autour du champ qui est utilisé pour dynamiser la productivité de la récolte, et nourrir à nouveau la terre pour la prochaine récolte. Plus on dynamise son champ, plus l'écosystème est résilient et naturellement productif. On voit ici que ces pratiques, fondements de l'agriculture biologique commune, sont beaucoup plus profonds que l'image zéro phyto, le cahier des charges de la biodynamie étant synonyme d'une vision globale. L'écosystème agricole est plus riche et le produit obtenu de meilleure qualité.

---

1. http://www.demeter.net/
2. http://www.rudolfsteinerarchive.net/

À travers le monde, j'ai rencontré toutes sortes de producteurs biodynamiques: des producteurs de choux et de radis noir dans la région de Cherbourg, «bien de chez nous», un peu bourrus, l'antithèse du «baba cool», qui étaient convaincus des impacts bénéfiques de la biodynamie sur la saveur de leurs choux; des producteurs de dattes dans le sud tunisien, en plein désert, convaincus des bienfaits de la biodynamie sur le goût de leurs dattes de même que pour renforcer la résilience de leurs dattiers dans ces conditions climatiques extrêmes; des producteurs de thé et d'épices au Sri Lanka, qui ont des jardins de théiers agroforestiers sublimes et pour lesquels la biodynamie activait encore plus les interdépendances de ces écosystèmes très diversifiés. Tous sont unanimes sur l'impact significatif de ces pratiques, notamment quant à la qualité de leur production, de sa saveur et de sa conservation.

La biodynamie est donc une vision holistique du métier de fermier, lui-même intégré dans les interdépendances entre végétal, animal et minéral, et en relation, en résonance avec le cosmos, car il y est non seulement question de considérer l'influence des astres tel que la lune, mais aussi d'envisager et de partager une vision vocationnelle et spirituelle de l'agriculture.

L'AGROÉCOLOGIE

Qu'est-ce que l'agroécologie? C'est le fait de combiner harmonieusement les activités agricoles avec la préservation du milieu naturel. L'agroécologie regroupe ainsi l'ensemble des pratiques agricoles durables, depuis l'agriculture biologique et biodynamique, jusqu'à la permaculture[1] en passant par l'agroforesterie.

---

1. À lire: *Permaculture* de Perrine et Charles Herve-Gruyer, Actes Sud, 2014

En France, des agroécologues comme Pierre Rabhi, Lydia et Claude Bourguignon ou Marc Dufumier[1] ne cessent de tirer la sonnette d'alarme: leur interprétation de l'évolution de l'agriculture vers des pratiques de plus en plus intensives et destructrices est sans appel et pour eux, il n'est pas d'autre solution que l'agroécologie pour garantir à long terme une agriculture productive et un environnement riche et préservé. Il ne peut pas en être autrement.

Comment peut-on espérer produire des produits de qualité et en grande quantité si l'écosystème est dégradé? Les deux vont de pair. L'agriculture doit se soucier de constamment enrichir naturellement les sols et son milieu, ce dernier devenant logiquement plus productif en qualité et en quantité.

D'autres, comme Francis Chaboussou[2], un agronome de l'INRA, ont même réussi à démontrer que le système intensif encourage lui-même le développement des déséquilibres naturels et donc des ravageurs, générant des besoins en produits synthétiques supplémentaires. C'est ce qu'il appelle la trophobiose: un mécanisme par lequel la plante, surnourrie en intrants attire et facilite le développement d'organismes nuisibles, potentiellement porteurs de maladies épidémiques (dénommés *pests* en anglais). C'est un peu l'histoire du pompier pyromane. Ainsi, plus on utilise ces produits phytosanitaires et plus on en a besoin, car les déséquilibres sont croissants. Cela rejoint la vision de Masanobu Fukuoka sur le sujet que l'on va aborder à présent.

Quand le système est monocultural, la maladie se propage très vite. Imaginez: vous avez une bonne grippe. Autour de vous, des individus clones par millions, comportant tous un système immunitaire formaté à l'identique du votre et donc

---

1. https://www.youtube.com/watch?v=BEbsLPeHb2E
2. À lire: *Les Plantes malades des pesticides: Bases nouvelles d'une prévention contre maladies et parasites*, Francis Chaboussou, Debard, 1980

vulnérable aux mêmes maladies. Quel terrain idéal pour la propagation de la maladie. Mais que se passe-t-il si vous êtes entourés de sujets de différentes espèces: la maladie se transmettra beaucoup moins rapidement, limitant ainsi sa capacité d'évolution. Logique, non?

LA PERMACULTURE

En 1975, au Japon, parait *La révolution d'un seul brin de paille*[1]. Son auteur, Masanobu Fukuoka (1913-2008), y donne l'une des visions les plus ultimes qui soient dans le domaine de l'agroécologie. Son parcours est passionnant.

Au départ chercheur en biologie pour le gouvernement japonais, il fait de la recherche sur les virus et maladies qui affectent les cultures agricoles, afin de conseiller les agriculteurs. Rapidement, il se rend compte d'une séparation dans les études sur le sujet: certains cherchent et développent des insecticides, d'autres travaillent sur les fongicides pour combattre les champignons, les pesticides en occupent d'autres et il y a aussi ceux qui développent les fertilisants. Nous l'avons déjà vu, la nature est interdépendance entre les plantes, insectes, virus et éléments nutritifs, c'est un ensemble d'interactions. N'agir que sur l'un de ces indicateurs revient à créer des déséquilibres qui ne pourront qu'augmenter à mesure qu'ils se dérèglent à tour de rôle. C'est là toute l'histoire de l'agriculture moderne (le parallèle avec la médecine moderne est aussi aisé et évident). On comble les brèches en façade tout en creusant un trou sans cesse plus grand par ailleurs, parfois jusqu'à l'irréversible. Pour Masanobu Fukuoka, et ce dès les années 50, cette agriculture

1. *La révolution d'un seul brin de paille, une introduction à l'agriculture sauvage*. par Masanobu Fukuoka Edition française Guy Trédaniel 1978

est forcément vouée à l'échec. Il abandonne alors son poste de chercheur et se lance dans la culture de riz en combinaison avec des arbres fruitiers, suivant la méthode la plus naturelle possible. La permaculture est née.

Largement partagée dans le monde sans que les fermiers ne sachent forcément que leur pratique est permaculturelle, elle n'est donc pas réservée aux chercheurs. Elle est accessible à tous par l'observation du vivant et l'intuition. La plupart des fermiers avec qui j'ai collaboré, dans plus de 50 ou 60 pays, ont un niveau d'éducation scolaire très limité, et un grand nombre d'entre eux sont illettrés. Ils ne sont pas connectés à internet. Mais je suis toujours frappé par l'universalité de leurs pratiques permaculturelles. Par exemple, la nécessité de couvrir les sols, avec des cultures ou du paillis, pour les protéger des rayonnements solaires et des pluies fortes, et réduire la compétition avec les autres plantes, relève d'une simple observation de la nature.

En Inde, les producteurs de café de la région montagneuse de Coorg dans le Karnataka ont des fermes agroforestières sublimes, diversifiées avec de très grands arbres, dont des essences de bois précieux ou semi-précieux, qui assurent un ombrage optimal pour la production d'un café grand cru. Nespresso nous y a envoyés pour étudier le potentiel de développement d'un projet agroforestier. En fait, j'y ai surtout pris une leçon de permaculture. Leurs parcelles combinent 2 à 3 niveaux d'ombrage complémentaires pour une intensification verticale du champ de café des plus réussies. S'y retrouvent: les plantes souterraines (tubercules comme le gingembre, le Kha, etc.), les herbes pour couvrir les sols, le café bien taillé en arbuste, puis deux à trois niveaux d'arbres, des légumineuses de petite taille pour abonder le sol en azote, des arbres d'ombrage en deuxième niveau ainsi que quelques fruitiers et arbres à épices (papayers, bananiers, cocotiers, palmiers, cardamome, clous de girofle…) et enfin des arbres de haut jet, jusqu'à 30 mètres de haut pour la canopée supérieure.

Les Kedavu, l'ethnie native de Coorg, sont polythéistes et vivent dans la forêt depuis toujours. Ils y ont intégré des cultures de rente, comme le café, un héritage colonial, au sein de leur écosystème. Leur vision agroécologique vient de leur tradition d'habitants des forêts, mais aussi de leur spiritualité : l'un des Dieux les plus importants de leur cosmogonie s'appelle Subramani, le Dieu des serpents, de la pluie, des récoltes et du riz. Par ailleurs, une législation très (presque trop) stricte encadre aussi leurs pratiques : il est en effet interdit de couper toutes les essences forestières, ce qui n'encourage pas les fermiers à replanter. Cet ancrage culturelo-spirituel et le cadre légal assurent ainsi une homogénéité très forte dans les pratiques agroforestières de la région. C'est d'autant plus déterminant que Coorg constitue une réserve d'eau pour une région encore bien plus étendue, en aval de celle-ci, qui s'étale de 1700 à 900 mètres d'altitude et irrigue les vallées du Karnataka jusque vers la mer. La proximité avec un parc national majeur renforce encore le modèle agroforestier, au niveau de l'ensemble de ce bassin versant (*at landscape level*).

Le modèle est tellement riche et largement adopté dans toute cette région, que les champs de café jouent à merveille le rôle de corridor biologique pour la faune locale. Les éléphants, à l'état sauvage, viennent régulièrement visiter les plantations, ainsi que parfois des tigres par exemple ; le jour de notre visite, l'un d'entre eux avait été observé dans l'une des plantations de café. La présence d'une faune sauvage dans ces dimensions est un excellent indicateur, car cela raconte un équilibre entre agriculture et préservation des ressources et de la biodiversité, elle-même fondamentale pour assurer une bonne productivité du champ. La région agroforestière de Coorg est aussi la plus riche de tout l'état du Karnataka, les produits sont fortement valorisés, les revenus très diversifiés, et les récoltes protégées des aléas climatiques. La permaculture y est ainsi une pratique des plus naturelles et des plus productives.

L'AGRICULTURE DU «NON-AGIR», NATURELLE ET SAUVAGE

Masanobu Fukuoka est donc l'un des pères de la permaculture, qu'il a élaboré d'après l'observation de la nature, celle-ci travaillant d'elle-même. Sa réflexion l'a conduit à structurer et à élaborer des techniques issues d'une pratique brute, appelée agriculture sauvage ou agriculture naturelle: aucun labour, aucun intrant extérieur à la ferme (même naturel) et une simple couverture permanente des sols, le paillage. C'est sur cette base que pendant plus de 10 ans, il va expérimenter, constater, apprendre et comprendre, jusqu'à ce que sa ferme devienne un modèle de frugalité et de productivité; une véritable valeur ajoutée lorsqu'on produit sur une île, qui plus est peu étendue telle que le Japon.

En semant des grains de riz (qu'il incorpore dans de petites boules de terres argileuses pour les protéger des insectes et des oiseaux) dans ses champs préalablement couverts de paille afin de réduire la pousse des herbes concurrentes, il remarque que le niveau d'humidité dans le sol reste stable et convenable. Les semis se développent et prospèrent, en toute simplicité. Qui plus est, la combinaison des plantations de riz au printemps puis de soja et de légumineuses en hiver, pour favoriser un apport naturel de l'azote nécessaire, maintient le bon niveau de fertilité des terres. Là aussi, cet agencement est fruit d'une simple observation d'associations que la nature effectue spontanément.

Le riz germe et pousse à travers la paille. Un mois avant la récolte est semée la culture d'hiver dans la rizière, qui va germer et commencer à pousser, si bien qu'au moment de la récolte du riz, la culture d'hiver a pris de l'avance et va ainsi moins se confronter aux herbes concurrentes de sa saison. Lorsque la culture d'hiver perce, elle couvre alors rapidement le sol à la suite de la récolte du riz. Et ainsi de suite: un mois avant la récolte hivernale, le semis du riz prend le relais, etc.

Un minimum d'interaction avec les cycles naturels, une appréciation des interdépendances, aucune intervention industrielle... Voilà pourquoi cette pratique est qualifiée d'agriculture sauvage et/ou naturelle, prémices des différentes formes d'agriculture agroécologique ensuite élaborées.

De l'agriculture naturelle à la philosophie

Nous l'avons vu, pour Masanobu Fukuoka, l'agriculture n'est pas qu'une activité de production de végétaux: elle doit être envisagée bien plus globalement, dans le rapport que l'Homme entretient avec la nature et avec lui-même. Il y a là, à mon sens, une dimension profondément philosophique, que l'on retrouve chez tous les agroécologues. Pierre Rabhi ne se définit-il pas lui-même comme un philosophe et un fermier?

L'AGRICULTURE MODERNE ET PRODUCTIVE N'EST PAS CELLE QUE L'ON CROIT

À nouveau, certains diront «ce sont des exceptions, des solutions à petite échelle et si l'on veut nourrir le monde, développer de grandes surfaces, il est impératif de mécaniser et de déployer un arsenal de phytosanitaire». C'est faux. L'agroécologie (à travers ses différentes formes) peut nourrir le monde, et même bien mieux que l'agriculture conventionnelle actuelle. Il faut d'ailleurs la considérer comme une agriculture intensive, et même bien plus intensive que l'agriculture conventionnelle si l'on considère la multiplicité des plantes et des interactions que l'on encourage.

La ferme permaculturelle « Fermes d'Avenir »[1], développée par Maxime de Rostolan en Touraine, en est un excellent exemple. Ce dernier est en train de prouver qu'avec 1,5 hectare de maraichage en bio et permaculture, il est possible de faire vivre trois emplois de maraîchers à temps plein. Imaginez : 0,5 hectare pour un emploi et pour produire des produits d'excellente qualité, en grande quantité et via des méthodes agricoles qui nourrissent la terre. Imaginez : une telle initiative déployée sur 10 ou 20 000 hectares dans toute la France… On peut recréer de l'emploi, de bons produits livrés par circuits courts et accompagner significativement la transition agricole.

L'agroécologie est créatrice de valeur et d'emplois, et elle génère de multiples nouveaux services écosystémiques : enrichissement des sols, dépollution de l'eau, préservation de la biodiversité, mitigation et adaptation au changement climatique, etc. Dès lors, pourquoi ne pas l'étendre ?

Gageons que c'est ce qui se passera dans les prochaines années, avec un fort phénomène d'accélération. Que ce soit dans le domaine de l'agriculture ou de l'énergie et des services, nous assistons à la multiplication de petites unités de production interconnectées entre elles. Le développement des circuits courts de type Amap[2], et plus récemment de « La Ruche qui dit oui ! »[3] ou des paniers bio livrés à domicile sous différentes formes, est déjà en pleine effervescence. C'est la voie vers une agriculture avec un lien direct entre fermiers et consommateurs, une forme d'agriculture collaborative, bien loin des supermarchés et de la distribution mondialisée et centralisée.

---

1. http://www.fermesdavenir.org/
2. http://www.reseau-amap.org/
3. https://laruchequiditoui.fr/fr

SELF SUFFICIENCY, L'AUTOSUFFISANCE QUI SE PROPAGE

L'un des objectifs prioritaires de l'agriculture devrait être l'autosuffisance, pour le fermier et pour un pays.

En Thaïlande, nous aidons des fermiers à se réapproprier leur propre autosuffisance alimentaire, en créant un système de microcrédit qui leur permet d'acheter des poules, canards, grenouilles ou cochons pour se lancer dans de l'élevage à petite échelle et avoir des œufs. Ils développent aussi des petits jardins potagers destinés à couvrir à terme l'ensemble de leurs besoins alimentaires. Dès la première année, les bénéficiaires avaient pu générer en moyenne 20 % de leur revenu mensuel en plus, via la production de nourriture, permettant ainsi de réduire d'autant leur budget alimentation, et tous avaient remboursé au moins 50 % de l'emprunt de base. Une économie qui prend parfois la forme de prêts en nature (cochons, poules...) à d'autres fermiers en guise d'acquittement.

Ce programme est particulièrement prometteur. Il montre qu'avec très peu (200 à 500 euros de prêts par fermier), il est possible de générer beaucoup de revenus supplémentaires, rapidement, pour des populations défavorisées.

Le modèle d'économie d'autosuffisance du Roi de Thaïlande

Comme expliqué auparavant, nous suivons le modèle d'autosuffisance du Roi de Thaïlande[1] pour le développement de la Pure Ferme. Un modèle qui vise à couvrir 100 % des besoins alimentaires des fermiers et même, à terme, 100 % de leurs besoins au niveau de l'énergie, de l'équipement, de la maison

1. http://www.chaipat.or.th/chaipat_english/index.php?option=com_content&view=article&id=4103&Itemid=293&lang=th

et vestimentaires, sur uniquement 3 hectares. Ce modèle est d'abord fondé sur une philosophie dont les trois piliers sont la modération, la sagesse et la perspicacité. Elle vise le bonheur simple, la frugalité, en s'accommodant uniquement des ressources locales et des forces en présence: une recherche de voie du milieu, appliquée à l'agriculture.

La ferme est divisée en trois surfaces équivalentes, entre le riz pour l'alimentation et comme culture de rente, le jardin agroforestier et l'élevage (poules, canards, grenouilles, cochons) pour couvrir tous les autres besoins, et une réserve d'eau, destinée à la pisciculture et à l'irrigation de la ferme.

Le fermier a pour principal objectif de devenir 100 % autonome, puis d'aider son village, et à terme sa région, et son pays sur le chemin de l'autosuffisance. La démarche est donc aussi tournée vers l'extérieur, vers l'entraide. Les fermiers autosuffisants, ici en Thaïlande, sont très souvent aussi des leaders engagés dans l'aide de leur communauté, en particulier des personnes âgées, qui n'ont pas de couverture sociale. C'est donc une vision sociale et environnementale, d'abord philosophique et spirituelle, fortement inspirée par le Bouddhisme.

L'objectif, ensuite, est de déployer ce modèle à travers le monde, et beaucoup s'y emploient par le biais de programmes de souveraineté et de sécurité alimentaire. Nous avons ainsi lancé un projet de développement de jardins maraîchers permaculturels, appelés « One Love Gardens », en partenariat avec la fondation Bob Marley[1].

Ces jardins visent à aider des populations défavorisées à être autosuffisantes au niveau alimentaire. Les deux premiers ont été développés en Jamaïque, dans le jardin des studios Tuff Gong – ceux de Bob Marley – et dans sa ferme de quelques hectares. Un second projet a pris forme en Éthiopie,

1. http://www.bobmarley1love.org/

à Shashamene, avec la participation des Rastafaris des Caraïbes (mouvement culturel et spirituel jamaïcain), qui honorent ainsi l'accomplissement de leurs écritures de référence. Celles-ci impliquent le retour à la terre promise, l'Éthiopie (terre racine dont ils auraient été arrachés pour être mis en esclavage), afin de la travailler et de la faire fructifier.

Nous préfinançons des équipements, des formations et un fond de trésorerie pour aider des communautés défavorisées et des fermiers indépendants à réorganiser et déployer leurs exploitations agricoles, en les tournant en premier lieu vers l'autosuffisance. Nous listons les besoins relatifs au régime alimentaire en vigueur dans le pays et nous aidons les fermiers à planter les variétés privilégiées quand c'est possible. Le fermier est ensuite invité à rembourser son prêt à terme (au bout de 1 ou 2 ans), afin de le réinvestir auprès d'autres fermiers engagés dans cette transition.

De l'autosuffisance à une vision humaine et politique

Quel rapport y a-t-il entre le Roi de Thaïlande et la Fondation Bob Marley, me direz-vous? De prime abord: aucun. Et pourtant, leurs visions, de même que celle d'un grand nombre d'organisations et de millions de paysans, convergent vers cette idée qu'il faut avant tout revenir à l'autosuffisance, produire localement, de manière diversifiée, et augmenter ainsi «l'immunité sociale» (comme le définit le Roi), c'est-à-dire être moins dépendant des fluctuations des prix du marché, nourriture et besoins divers de la ferme (pour la plupart) étant alors produits par soi-même.

Quand j'ai rencontré les Rastafaris de Shashamene en Éthiopie, j'ai été vraiment touché. Ils ont débarqué il y a 40 à 50 ans, sur une terre pauvre, à 3 heures de route d'Addis Abeba, et ils ont dû tout redémarrer de zéro. Aujourd'hui, ils sont toujours dans une situation délicate, non reconnus juridiquement par les autorités, discriminés par la population locale, et les tensions pour l'accès à la terre exacerbent tout cela. Ce sont des personnes très spirituelles, qui vivent dans l'amour du ras Tafari Mekonnen (sacré empereur d'Éthiopie en 1930, qu'ils révèrent; *Ras* désignant un signe de respect), de la musique reggae, et d'une vision fusionnelle de la communauté humaine et de son intégration dans la nature. Il émane une grande chaleur dans leur personnalité et leur engagement. Ce sont des idéalistes dont certains membres de la communauté sont des leaders agroécologiques chevronnés. C'est notamment le cas de ras Kabinda, un rastafari de République dominicaine, installé à Shashamene depuis 20 ans, qui est notre relais principal sur place.

J'aime voir que, très souvent, les fermiers les plus progressifs et les plus visionnaires sont précisément ceux chez qui la dimension intérieure est la plus développée. Ce sont toujours des leaders agronomiques, politiques et spirituellement habités, même de façon laïque et sous des formes très variées, depuis le Roi de Thaïlande jusqu'à Bob Marley.

L'objectif est de déployer ce type de modèle à travers le monde, en utilisant le levier qu'est l'image du charismatique leader jamaïcain et sa résonance planétaire afin de promouvoir ces pratiques agricoles. Bob Marley fut non seulement le créateur d'un nouveau genre musical, mais il était aussi un visionnaire, qui s'est fortement impliqué politiquement pour la réconciliation d'une Jamaïque alors en guerre civile et qui a défendu l'idée d'une Afrique unie et autodéterminée.

Cet esprit et cette vision peuvent participer à défendre l'agroécologie et à la promouvoir à travers le monde, sous toutes ses formes.

Partie III

L'arbre : un moyen privilégié pour se réconcilier avec la nature

L'arbre et l'agroforesterie, le meilleur investissement sur Terre, pour un écosystème résilient.

L'AGROFORESTERIE POUR UN ÉCOSYSTÈME RÉSILIENT

L'une des voies de l'agroécologie est l'agroforesterie. C'est le cœur de notre activité chez Pur Projet[1], et c'est aussi une découverte professionnelle et personnelle très forte pour moi, ne serait-ce qu'intérieurement.

L'agroforesterie consiste à combiner la plantation ou la conservation d'arbres au sein de cultures agricoles. Ce n'est pas une pratique nouvelle. C'est en fait la manière dont on a toujours cultivé dans le passé, jusqu'à la Seconde Guerre mondiale dans les pays tempérés, et c'est encore en pratique dans les pays

1. http://www.purprojet.com/fr/

tropicaux, en particulier chez les petits exploitants agricoles. Là encore, promouvoir l'agroforesterie ce n'est pas proposer un retour en arrière: nous appliquons des techniques et des approches scientifiques modernes (notamment pour le monitoring des impacts). Cependant, il est vrai que cette pratique repose sur une vision écosystémique que nos ancêtres avaient, que l'on retrouve dans toutes les traditions, mais que l'on a sacrifiée sur l'autel de l'agriculture intensive, mécanisée et chimique.

La première fois que j'ai été confronté à l'agroforesterie, c'était en 1999, lors d'une mission au Cameroun, où l'on devait préparer un champ à partir d'une zone encore boisée, pour y développer une parcelle agricole démonstrative. Accompagné d'étudiants en agronomie et d'un berger corse, ce fut une expérience inoubliable. Défricher une forêt tropicale pour y installer des cultures est un travail de titan, surtout si vous décidez de tout couper et brûler, ce qui est la technique classiquement utilisée (l'abattis-brulis). Nous avions peu de temps et de moyens, peu de compétences ni d'expérience, mis à part ce berger corse qui a partagé avec nous son savoir-faire en matière de fromage de chèvre, avec passion. Mais ce que nous souhaitions faire, c'était de développer un modèle plus intègre envers l'écosystème d'origine et moins intensif en travail préparatoire.

En parcourant différents manuels d'agronomie tropicale, je me suis alors rendu compte que l'agroforesterie était bien la norme et non l'exception, surtout dans un tel milieu, où les phénomènes climatiques sont exacerbés et où les cultures agricoles ont besoin d'un regain de protection. Au lieu de tout couper et brûler, nous avons alors sélectionné, avec les fermiers, les essences de haut jet qui allaient rester sur la parcelle pour apporter l'ombrage nécessaire aux cultures maraîchères que nous devions développer: garder un niveau d'ombre optimum et détruire au minimum les forces en présence pour qu'elles bénéficient à l'activité agricole.

Nous n'avons pas réussi, le projet a capoté par la suite pour d'autres raisons. Mais il m'a beaucoup inspiré. Être face au problème m'a poussé à m'interroger : comment développer sa terre pour vivre, en réduisant au maximum son impact et le travail nécessaire à la préparation des champs ? Comment travailler avec la nature, en particulier en milieu tropical, où celle-ci est à la fois très riche et très fragile ?

Pourquoi planter des arbres ? Au-delà de l'aspect environnemental, esthétique ou culturel, planter un arbre est le meilleur investissement que l'on puisse faire sur Terre. Cela, je l'ai découvert totalement par hasard, au Pérou, en plantant progressivement des millions d'arbres avec les producteurs de cacao et de café qui fournissent Alter Eco[1].

De la coca au cacao

En 2006, lors d'une visite de la coopérative de producteurs de cacao bio et équitable Acopagro, dans la région de San Martin au Pérou, dans le village reculé de Santa Rosa, sans électricité, ni route ou téléphone, le long du fleuve Alto Huayabamba, je rencontrais une étudiante péruvienne en agronomie, Cecilia Larrea. Elle faisait son mémoire sur la captation des flux de carbone grâce à des modèles agroforestiers combinant cacao et essences forestières : les producteurs de cacao la regardaient avec des yeux ronds et un air amusé. On aime être malicieux dans l'Alto Huayabamba, on blague facilement et avec beaucoup d'amour, en se moquant très amicalement des autres. « Encore une intellectuelle, mais qui va m'aider à mieux vendre mon cacao », pensaient-ils.

Ils étaient loin de se douter que c'est à partir de cette rencontre et de cette préétude, que nous allions être convaincus, puis que nous allions réussir à convaincre des entreprises de les aider à planter beaucoup plus d'arbres. Car nous imaginions que c'est grâce à ces plantations qu'ils allaient doubler (sur 10 ans),

1. http://www.altereco.com/

voir tripler (sur 15-20 ans) leurs revenus annuels. Aujourd'hui, ces 4000 producteurs ont planté plus de 3 millions d'arbres et réussi à prendre en concession 384000 hectares de forêts primaires de la région où ils sont situés, sous protection. Ils sont passés de producteurs de coca (pour la production de base de cocaïne) à producteurs bio et équitables de cacao et de café. Ils sont également vendeurs de services écosystémiques, comme le carbone, pour faciliter leur développement socio-économique, régénérer l'ensemble de leur territoire et préserver les zones encore intactes.

Tout cela à partir d'une simple étude, fondée sur l'observation du vivant. Les arbres captent du CO_2, qu'il est possible de commercialiser pour financer un projet communautaire socio-environnemental de grande envergure comme celui-ci.

Parti du petit village de Santa Rosa, avec une centaine d'habitants et 10000 arbres plantés en 2007, l'apprentissage a finalement été assez rapide et naturel. L'impact a été fulgurant, aidé par la nature généreuse dans cette région, où au bout de 2 ans les arbres peuvent atteindre 8 à 12 mètres de haut, avec des bénéfices sur l'écosystème directement visibles (ombrage, paillage, habitat pour la microfaune...). Les effets sont indiscutables et palpables. Le projet s'est ainsi étendu comme une traînée de poudre, pour atteindre aujourd'hui une aire de 2,4 millions d'hectares, en cours d'enregistrement à l'UNESCO comme zone de biosphère.

Dans ce projet, comme dans beaucoup d'autres, l'arbre est créateur de très nombreux services: économiques, sociaux, environnementaux, culturels et spirituels. Son ambition va jusqu'à valoriser des ruines chamaniques préincas, dans un site classé au patrimoine mondial de l'UNESCO, situé dans la zone de biosphère. Tout cela à partir de la dimension et de la valeur de l'arbre, qui rayonne et qui est complètement interdépendant de son territoire: c'est aussi la forêt qui protège ce site archéologique des dégradations humaines, car il est pour l'instant difficilement accessible.

L'arbre, une révélation

De mon côté, j'étais loin de me douter que cette rencontre avec Cécilia allait constituer un nouveau départ professionnel et un projet de vie. Aujourd'hui encore, chaque jour de travail pour Pur Projet contient son lot de révélations sur la magie des arbres. Ils sont injustement méconnus.

Par passion pour la nature, pour compenser notre empreinte carbone, nous avions donc décidé, avec Alter Eco, de planter des arbres, mais je n'aurais jamais imaginé que cette activité puisse intéresser d'autres entreprises et se développer autant avec Pur Projet, jusqu'à devenir ma principale activité. Enfin et surtout, je n'imaginais pas que l'agroforesterie générerait des bénéfices si énormes pour les fermiers et leurs écosystèmes. Cela correspondait parfaitement à nos ambitions chez Alter Eco, la complémentarité des deux était évidente.

L'ARBRE ET L'AGROFORESTERIE : LE MEILLEUR INVESTISSEMENT SUR TERRE

Au fur et à mesure que nous avons développé les plantations, nous nous sommes ainsi rendu compte que l'arbre apportait de multiples bénéfices pour la planète, pour l'Homme et les entreprises qui s'engageaient. Nous en avons ainsi listé plus d'une centaine, dans de multiples domaines. (Voir l'annexe exhaustive en fin de livre : *les 100 bénéfices de l'arbre*). Nous avons développé un laboratoire de mesure et d'analyse de ces données, le Pur Lab, avec un vaste réseau de partenariats académiques pour aller sur place, dans nos projets, mesurer les impacts multiples des arbres.[1]

---

1. http://blog.purprojet.com/2015/06/26/le-pur-lab/

Les 100 bénéfices de l'arbre

En voici donc quelques éléments marquants à mon sens. À vous de partager avec nous les fonctionnalités qui nous ont échappé: il y en a encore très certainement 100 de plus.

Sols

L'arbre a une action positive sur la régénération et la conservation des sols sous de multiples formes. Avec ses racines, il puise des minéraux présents dans les couches inférieures du sous-sol, les remonte via son tronc, dans ses feuilles et branches, qui vont l'apporter au sol en tombant. De fait, la couche d'humus sur le sol n'est constituée presque que d'arbres et de plantes en décomposition. En conséquence de quoi, s'il n'y a plus d'arbres, il n'y a plus de production de sol, donc plus de matière organique pourtant vitale pour la production de tout végétal. Cette couche d'humus est à la fois très riche et très fragile, et les arbres sont l'outil privilégié pour la conserver. Les sols forestiers (noirs) sont toujours riches, sans jamais avoir été abondés: c'est la preuve flagrante de la fertilité supérieure des sols forestiers. Certaines variétés d'arbres, appelées légumineuses, permettent même de fixer l'azote de l'air dans le sol: ce sont des sacs d'engrais en puissance, gratuits, et pour toujours.[1]

---

1. Études: Macedo *et al.*, 2008. *Changes in soil C and N stocks and nutrient dynamics 13 years after recovery of degraded land using leguminous nitrogen-fixing trees. Forest Ecology and Management.*
– Agroforestry systems increase recycling of nutrients within the system: Oelbermann *et al.*, 2012. *Carbon and nitrogen in a temperate agroforestry system: Using stable isotopes as a tool to understand soil dynamics. Ecological Engineering.*
– Agroforestry provides a realistic option for increasing the C sequestration of agroecosystems in plant biomass and soil organic matter: Albrecht *et al.*, 2003. *Carbon sequestration in tropical agroforestry systems. Agriculture, Ecosystems & Environment.*

Par ailleurs, en grandissant, les racines des arbres décompactent les sols. Et ces racines, ils les perdent au même titre que leurs feuilles. Elles se décomposent et nourrissent les sols, laissant des cavités en sous-sol qui l'oxygènent, l'aèrent et permettent de stocker l'eau.[1]

À l'autre extrémité du tronc, la canopée permet d'éviter l'impact direct du rayonnement solaire sur le sol, permettant là encore de mieux y conserver l'humidité. Qui plus est, en cas de fortes pluies, cette canopée ralentit les gouttes d'eau et réduit ainsi l'érosion et le ruissellement, de façon complémentaire à l'action des racines, qui réduisent très significativement les phénomènes de glissement de terrain, les chutes de pierre, ou les avalanches dans les zones enneigées.[2]

Comme le dit le botaniste Francis Halle[3], expert des arbres et des forêts tropicales : « Le sous-bois de ces forêts, ce qu'on voit à hauteur d'homme, ne présente pas grand intérêt. En revanche, ces canopées sont d'une beauté spectaculaire, impossible à décrire. Une fois que vous avez vu ces couronnes d'arbres en fleurs, ces animaux extraordinaires et de toutes tailles, que vous avez entendu le concert de la faune canopéenne à la tombée du jour, au milieu des lucioles, vous ne pouvez plus y toucher. Par ailleurs, c'est une immense réserve en molécules biochimiques, un trésor planétaire qui offre des perspectives formidables pour la recherche pharmaceutique.

1. Meilleure résistance au compactage du sol et érosion : Tarigan et *al.*, 2002. *Agroforestry Technology to Bridge Divergent between Farmer Production Goal and Government Environmental Goal.*12th ISCO Conference, Beijing 2002.
2. Ruissellement : Brown et *al.*, 2005. *A review of paired catchment studies for determining changes in water yield resulting from alterations in vegetation.* Journal of Hydrology.
Forests and landslides: Forbes et *al.*, 2013. *The role of trees and forests in the prevention of landslides and rehabilitation of landslide-affected areas in Asia.* FAO, RAP Publication.
3. Source Télérama.

Un jour, on aura besoin de ces molécules et on se dira : c'est bête, on les avait sous la main et on n'en a pas tiré parti. »

Eau

L'arbre et l'eau sont totalement liés et interdépendants. L'arbre est au cœur du cycle de l'eau. Dans une forêt, il fait 2 à 3 degrés de moins qu'autour de celle-ci, ce qui crée une zone dépressionnaire ; un nuage passant au-dessus éclate alors plus facilement. [1]

Concernant les précipitations, une découverte des plus récentes a établi que les arbres émettent des solvants qui alourdissent les gouttes d'eau d'un nuage, leur permettant ainsi de commander la pluie. L'eau obtenue est alors séquestrée en grande quantité dans leurs racines, leur tronc et leurs feuilles puis, par le phénomène d'évapotranspiration, ils la restituent à l'écosystème, pour les prochaines pluies, se posant ainsi au cœur de leur régulation. Dans les zones déforestées, les pluies sont rares et les orages plus fréquents.[2]

Par ailleurs, les arbres digèrent les excès de nitrates et de phosphates ; ils s'en nourrissent, c'est un élément très important de leur régime alimentaire. Ce faisant, ils peuvent ainsi réduire les phénomènes d'eutrophisation (tels que les algues vertes de Bretagne, par exemple), en se nourrissant des excès de l'agriculture. Ils peuvent même emprisonner dans leurs troncs des métaux lourds : non digérés, ils sont à minima stockés.[3]

---

1. Souza *et al.*, 2012. *Protective shade, tree diversity and soil properties in coffee agroforestry systems in the Atlantic Rainforest biome.* Agriculture, Ecosystems and Environment.
2. Nobre, 2014. *The Future Climate of Amazonia.* ARA Scientific Assessment Report
3. Deconchat *et al.*, 1995. *Le contrôle de flux polluants par l'aménagement de zones tampons.* Et. Rech. Syst. Agraires Dév.

Biodiversité

Les arbres servent d'habitat, de refuge et de source de nourriture à un très grand nombre d'espèces, depuis une microfaune très présente (au niveau du sol et des racines) jusqu'aux oiseaux, primates et autres pandas ou panthères sous le couvert des feuilles, dans les méandres des branches. C'est le lieu du nid, ainsi qu'un réservoir de sucres et de rosée pour tous les insectes pollinisateurs, qui vont activer la dynamique des variétés alentour. On estime d'ailleurs que la pollinisation augmente de plus de 30 % dans un champ agroforestier caféier par rapport à un champ de café sans arbres d'ombrage : c'est un très bon indicateur de la qualité de la biodiversité, très utile pour le fermier.[1]

Dans tous nos projets, tous les modèles agroforestiers que nous développons sont constitués uniquement d'essences natives, en dehors des essences fruitières. Ils sont toujours diversifiés, avec au minimum 10 espèces, parfois jusqu'à une cinquantaine. Ceci permet de garantir une vraie valeur de biodiversité aux plantations et une régénération de l'écosystème d'origine.

Certaines espèces sont choisies, car elles sont appréciées des abeilles, papillons ou autres insectes pollinisateurs spécifiques, les arbres servant ainsi à attirer toute une faune qui vient soutenir l'équilibre et la résilience de la parcelle : c'est du génie écologique.

Climat

Les arbres se nourrissent de CO_2, qu'ils séquestrent dans leurs troncs, branches et racines, et ils rejettent de l'oxygène, soit donc l'exact inverse de l'homme, dont les pratiques

---

1. Priess *et al.*, 2007. *Linking deforestation scenarios to pollination services and economic returns in coffee agroforestry systems*. Ecological Applications.

émettent du CO_2 de façon croissante. L'arbre est donc le partenaire idéal pour lutter contre l'effet de serre.[1]

Au niveau local, les arbres régulent les précipitations et les phénomènes de réverbération des rayons du soleil sur le sol (dit effet d'albédo), contributeurs importants du réchauffement de la planète. Si les rayons du soleil tombent sur des arbres, la chaleur est mieux absorbée que sur un sol dégarni où la réverbération est maximale. Restez une heure en plein soleil à midi en milieu tropical puis une heure à l'ombre, et vous sentirez la différence. Il en est de même pour les plantes et les animaux, qui se développent mieux avec un ombrage régulateur, surtout dans un tel milieu. En conséquence de quoi, les arbres permettent ainsi aux agriculteurs de mieux se protéger des aléas climatiques et des dérèglements collatéraux.

Tous les travaux scientifiques dans ce domaine concordent: les arbres permettent de réguler significativement l'impact des imprévus climatiques, en particulier les phénomènes extrêmes de tempêtes, pluies diluviennes et sècheresses prolongées.[2]

Économie & Société

Les arbres sont une formidable source de revenus pérenne pour les planteurs, notamment dans la mesure où ils permettent, suivant les essences, de planifier entre les revenus à court, moyen et long terme. De fait, les plantations ainsi diversifiées constituent le patrimoine du fermier, sa couverture sociale.

L'introduction d'arbres fruitiers dans les systèmes agroforestiers contribue, elle, à la souveraineté alimentaire des populations locales, et au maintien des sols dédiés aux cultures

1. Boulier *et al.*, 2010. *Les forêts au secours de la planète: quel potentiel de stockage du carbone?* Belin | L'Espace géographique.
2. Brovkin *et al.*, 2006. *Biogeophysical effects of historical land cover changes simulated by six Earth system models of intermediate complexity. Climate Dynamics.*

maraîchères et à l'élevage, voire pour le gibier dont le développement est favorisé par le couvert forestier.[1]

Enfin, les pratiques sylvopastorales permettent de réduire les impacts écologiques des activités d'élevage, et améliore le rendement et la qualité des productions (lait, cuir, viande...).[2]

Pour les entreprises

En plantant des arbres, l'entreprise prend en considération l'avenir de la planète et de l'humanité. Planter des arbres parle au cœur des employés d'une entreprise, et celles qui s'engagent sérieusement pour l'environnement attirent ainsi les meilleurs talents, des employés motivés et performants.[3]

Plus globalement, en plantant des arbres l'entreprise enrichit son propre écosystème et assure sa prospérité future. Planter des arbres en *Insetting*[4] (intégration des engagements socio-environnementaux des entreprises au cœur de leurs propres filières et métiers) renforce les filières des entreprises, en sécurisant leurs ressources et les relations avec leurs partenaires. Les risques de rupture d'approvisionnement sont réduits si les arbres sont plantés dans ses propres filières agricoles. Enfin, en plantant des arbres, les entreprises prennent conscience de leur écosystème, de sa fragilité et de ses interdépendances.

1. Souza et *al.*, 2012. *Strategies and economics of farming systems with coffee in the Atlantic Rainforest Biome. Agroforest Syst.*
2. Mupangwa et *al.*, 2000. *Milk production from lactating holstein cows fed cereal-tree forage legume silages.*
3. Grolleau et *al.*, 2012. *Green not (only) for profit: An empirical examination of the effect of environmental-related standards on employees' recruitment. Resource and Energy Economics.*
Mazzanti et *al.*, 2009. *Environmental efficiency and labour productivity: Trade-off or joint dynamics? A theoretical investigation and empirical evidence from Italy using NAMEA. Ecological Economics.*
4. http://www.purprojet.com/fr/insetting

Et pour pouvoir délivrer des produits de qualité, elle doit régénérer l'écosystème dont ils sont issus. C'est évident.[1]

Planter des arbres contribue à réduire l'empreinte carbone des entreprises et plus largement leur empreinte environnementale. L'arbre nourrit alors une vision, qui ne se limite plus à une simple comptabilité carbone, mais induit l'objectif de toucher de multiples indicateurs écosystémiques: l'eau, les sols, la biodiversité, les revenus des fermiers, etc.

Pour chacun de nous

L'arbre nous permet d'écrire: sans arbre, pas de papier. L'arbre est omniprésent sur notre table: chocolat, café, amande, olive, abricot, pomme, cerise, prune, tisane, noix, etc. Les myrtilles, champignons, truffes et framboises poussent sous son ombrage. L'arbre est médecine: 80 % d'entre eux sont médicinaux, dont un grand nombre est oublié ou inconnu. Sans arbre, pas de liège, pas de bons vins. C'est le bois des tonneaux, comme le Chêne, qui leur confère certains arômes prisés.

L'arbre se décline à l'infini dans les objets qui nous entourent, via le bois, le caoutchouc, la résine… Une tendance qui se renforce dans le temps avec le développement de la chimie verte. L'arbre structure nos maisons et notre mobilier: meubles, chaises, portes, volets, tableaux. L'arbre interrompt la monotonie d'un paysage aplani. L'arbre est fruits, couleurs, parfums, inspiration, nous offrant ses fleurs…

L'arbre permet aux randonneurs de repérer le fléchage blanc et rouge des chemins de grande randonnée, ou le nord via la mousse qui pousse sur son tronc. L'arbre qui se profile à l'horizon donne de l'espoir à l'homme égaré en plein désert.

---

1. Harwood *et al.*, 1999. *Managing Risk in Farming: Concepts, Research, and Analysis*. Agricultural Economic Report No. 774.

L'arbre est notre maison originelle : les singes et les premiers hommes s'y réfugiaient pour fuir les attaques d'autres animaux. L'arbre structure notre inconscient collectif et notre vision de la famille : il est généalogique, métaphore de la vie des hommes, qui y cherchent leurs racines, la sève qui coule dans leurs veines, la branche sur laquelle ils sont assis, la pomme de la discorde...

L'arbre est le témoin des amours naissants : qui n'a jamais gravé un cœur à la pointe du couteau dans son écorce ? L'arbre est beau, tout simplement.

L'arbre et l'esprit

L'arbre émet des vibrations et des odeurs qui apaisent les hommes, et il est tout à fait possible (et même recommandé) de communiquer avec eux.

L'arbre offre ses branches aux enfants qui grimpent le long de son tronc et y construisent des cabanes. L'arbre permet aux hommes d'accrocher des hamacs pour faire la sieste, se reposer, et rêver.

L'arbre se laisse contempler par les artistes et leur murmure leur inspiration. L'arbre est une méditation. L'arbre, c'est la sagesse : le roi Saint-Louis au pied de son chêne rendait la justice, tout comme les anciens des villages africains à l'ombre de l'arbre à palabres.

L'arbre a suscité les plus grandes découvertes et illuminations : Bouddha a atteint l'illumination au pied de l'un d'entre eux ; Newton a découvert la loi de la gravité, allongé sous un pommier...

L'arbre qui se dresse vers le ciel redonne à l'Homme de la dignité et lui enseigne la patience. L'arbre, c'est le lien entre le ciel et la terre pour nombre de nos civilisations.

L'arbre est sacré. Il est immortel.

Arbre éternel

Comme aime le rappeler Francis Halle[1]: «Les arbres ne sont pas programmés génétiquement pour mourir. Leur fin est toujours due à des éléments externes: une inondation, un coup de froid, un bûcheron, un incendie... Mais si tout va bien, il n'y a aucune raison pour qu'ils disparaissent. Chez les animaux et les hommes, les gènes s'éteignent par un mécanisme biochimique – la méthylation – qui est à l'origine de la sénescence – le vieillissement. Certains arbres et plantes paraissent échapper à ce processus: avec leur croissance rythmique – stoppée en hiver –, ils réactivent leurs gènes "éteints" à compter du printemps, et luttent ainsi contre la sénescence. En outre, à partir d'un arbre originel mort depuis longtemps, des clones se forment grâce à des mécanismes de multiplication végétative au niveau du sol, ce qui leur donne une durée de vie illimitée.»

L'arbre et l'agroforesterie[2]: un investissement inégalé

C'est cette découverte personnelle, cette révélation que je brûle de partager, en particulier avec les décideurs qui peuvent s'en emparer et l'étendre le plus largement et qualitativement possible.

Imaginez: il n'est besoin que de quelques minutes et de quelques euros pour planter un arbre. Ensuite il va générer une multitude de services économiques et écosystémiques gratuits pendant 50 à 100 ans. Quel autre investissement

1. À Lire: les passionants ouvrages de Francis Halle sur les plantes, les arbres et la forêt dont: *Eloge de la Plante* aux Éditions du Seuil, 1999. *Plaidoyer pour la Foret Tropicale,* Actes Sud, 2014...

2. Association Internationale d'Agroforesterie: http://www.worldagroforestry.org/ Association Francaise d'Agroforesterie: http://www.agroforesterie.fr/

vous donne autant en retour ? Je n'ai toujours pas trouvé d'équivalent.

En Indonésie, planter 10 avocatiers sur un hectare de café permet de doubler le revenu net du fermier en 5 à 7 ans[1]. On trouve des ratios identiques lorsqu'on plante des arbres dans les champs de cacao, de thé, de riz, ou d'ananas, avec un doublement voire un triplement du revenu net du fermier en 5 à 10 ans. Et ceci pour un investissement et un entretien très limités. Importants surtout les trois premières années. Ensuite l'arbre se développe de lui-même et ne nécessite que très peu d'intervention humaine, à la différence des cultures non permanentes qui ont elles besoin d'être replantées chaque année.

Ces ratios de doublement à triplement du revenu net du fermier sont valables en milieu tropical pour de petites exploitations, où le revenu de départ du fermier est très faible. L'apport est ainsi d'autant plus significatif et utile. En France, sur des exploitations déjà très productives et mécanisées, l'agroforesterie peut générer 40 % de revenus supplémentaires. Un champ agroforestier de l'INRA[2], qui combine blé et noyers valide ces chiffres : le champ génère 40 % de production en plus du fait des interactions bénéfiques entre la culture agricole et les rangées d'arbres ; il n'y a pas compétition mais coopération : les racines des arbres décompactent le sol et l'enrichissent en minéraux. Les cavités ainsi créées sont autant de réceptacles pour conserver les ressources en eau. De l'autre côté du tronc, les feuilles entraînent un ombrage qui, bien maîtrisé, réduit l'impact des intempéries. L'arbre, lui, bénéficie de la création de matière organique générée par la culture et qui, une fois décomposée, viendra enrichir le sol et donc ses racines.

---

1. Source : Pur Projet
2. http://www.montpellier.inra.fr/safe/french/agroforestry.php# et rapport d'Agroof sur ce projet : http://www.agroof.net/agroof_dev/documents/pirat/restinclieres_10ans.pdf

Dans le chapitre suivant vous découvrirez que ce retour sur investissement, on peut même le quantifier en partie, le monétiser.

COMMENT DÉVELOPPER UN CHAMP AGROFORESTIER?

Une vision globale

L'agroforesterie ne se limite pas à planter des arbres dans les champs. L'approche est au niveau de l'ensemble du bassin versant des espaces concernés, au niveau de l'ensemble de l'écosystème qui interagit directement avec le champ. Si une parcelle est érodée en amont de celui-ci, les glissements de terrain et l'eau qui dévale la pente vont affecter les plantations en aval. Il faut donc agir aussi sur cette parcelle en amont, en plantant des haies anti-érosion et des arbres aux profondes racines qui vont maintenir les sols.

De même, si les sources et les cours d'eau ne sont pas plantés sur leurs flancs, on perd beaucoup de précieuses ressources aqueuses (du fait de la réverbération, des rayons du soleil directement sur la surface). Qui plus est, lors des crues, la rivière va emporter de la terre des parcelles voisines, entraînant une forte érosion (perte de matière organique et minérale) et une forte turbidité[1] de l'eau, qui vont la rendre impropre à la consommation, et ainsi de suite. On réalise donc un diagnostic *at landscape level*, au niveau du paysage englobant les champs visés, et on plante partout où les arbres

1. La turbidité désigne la teneur d'un fluide en matières qui le troublent. Dans les cours d'eau elle est généralement causée par des matières en suspension et des particules colloïdales qui absorbent, diffusent et/ou réfléchissent la lumière. Dans les eaux eutrophes, il peut aussi s'agir de bactéries et de micro-algues. Source wikipédia

peuvent rendre un service écosystémique et économique pour les fermiers et leurs cultures. Cela inclut donc les sources et les cours d'eau, les zones en forte pente, et tout lieu qui peut être critique pour maintenir l'équilibre de l'écosystème.

Nous commençons toujours par interroger les fermiers : quels sont les enjeux auxquels vous êtes confrontés, comment comptez-vous y répondre ? Pensez-vous que l'agroforesterie puisse être un élément de la solution ? Comment imaginez-vous développer un projet et des pratiques agroforestières et agroécologiques ? C'est la méthodologie que nous suivons pour tous nos projets et dont l'approche *at landscape level* est particulièrement mise en exergue dans le programme agroforestier de Nespresso[1].

En Colombie, les fermiers qui livrent leur café à Nespresso ont pointé du doigt la gestion de l'eau comme enjeu prioritaire, qu'il s'agisse des sources, des fleuves et/ou rivières ou de la gestion des bassins versants. Il y a toujours soit trop d'eau soit pas assez, ce qui est symptomatique des zones déforestées. Ils ont besoin d'une meilleure couverture forestière pour réduire la variabilité de la ressource, capter l'eau quand elle est présente, réduire le ruissellement quand elle est abondante, apporter de l'ombrage et une évapotranspiration régulière. On y développe donc plus la ripisylve (plantations spécifiques en bordure de cours d'eau).

Au Guatemala, les fermiers sont unanimes : c'est l'érosion qui est le problème numéro 1, et qui affecte directement leurs champs, les caféiers étant régulièrement détruits par des glissements de terrain sur les pentes très abruptes au flanc desquelles ils cultivent. Ils ont donc choisi des plantations de

1. http://www.nespresso.com/positive/be/fr#!/developpement-durable/agroforesterie

barrières anti-érosion via des essences forestières qui bénéficient d'un système racinaire très développé.

Voici de manière simplifiée et schématique pourquoi il est utile de planter des arbres au sein et autour des champs agricoles, avec une cible élargie pour maximiser les interactions bénéfiques avec le milieu.

En partant d'une parcelle forestière ou d'un milieu naturel intact, on évalue les sujets en présence, les types d'arbres, leur vigueur, leur utilité et complémentarité pour la ou les cultures envisagées, comme raconté dans l'exemple de la mission au Cameroun. Nous dessinons un modèle de plantation qui combinera le mieux possible les ressources en présence avec les cultures et plantations souhaitées. Par exemple, pour le maraîchage, on préférera des parcelles au sol riche et humide, idéalement à côté d'une source d'eau pour pouvoir régulièrement arroser ses légumes. En ressort ainsi un plan qui combine arbres, arbustes, plantes et cultures. Ne sont coupés que les sujets qui ne pourront pas bien se développer (ceux qui poussent sous un autre arbre, déjà plus développé, par exemple), ou ceux présents en trop grand nombre afin d'avoir une parcelle plus diversifiée. Les arbres qui portent trop d'ombre sur les champs sont élagués, suivant la culture agricole combinée et son besoin plus ou moins prononcé en ombrage.

De même, nous proposons des essences aux racines profondes pour maintenir les sols sur les pentes, des essences de haut jet qui vont aller très haut déployer un ombrage régulier sur la parcelle, combinées avec des essences de dimension plus réduite dessous, et intensifier la parcelle dans sa verticalité. L'objectif de l'agroforesterie est de capter au maximum les rayons du soleil pour maximiser la production de biomasse et donc optimiser la production de l'agriculteur. Basiquement, il s'agit d'éviter que les rayons du soleil ne se perdent inutilement sur le sol ou rayonnent de manière excessive sur les cultures.

Sur une parcelle d'un hectare, les ressources entre le sol, l'eau, les nutriments et le rayonnement solaire sont bien définis, et ne peuvent créer au maximum qu'une quantité bien définie de biomasse, quelles que soient les combinaisons : il existe un plafond déterminé par les ressources et les conditions en présence, le *climax*, que nous tentons d'atteindre le plus rapidement possible. Mais nous nous devons de rester très humbles face à cette tâche à accomplir, notamment au regard d'une forêt primaire, par exemple, jamais touchée par l'homme et donc dans un état optimal de création de biomasse (à son *climax*) ; un état atteint en environ 700 ans.

Pour un modèle agroforestier, nous intégrons en général une ou plusieurs espèces de légumineuses[1], que ce soit des arbres (comme l'albizia, le mimosa ou l'acacia) ou des plantes (comme le soja, le trèfle, le pois chiche, les fèves.), qui permettent de fixer l'azote, présent dans l'air, dans le sol, ainsi naturellement fertilisé. Ces espèces représentent 20 à 60 % de celles que nous plantons dans un champ agroforestier. Nous cherchons en particulier dans le catalogue des espèces natives de la région du projet, des arbres-légumineuse à croissance rapide et dont le bois est commercialisable (comme le falcata) pour la construction ou l'ébénisterie. Ce genre d'arbre va en effet non seulement permettre à l'agriculteur de fertiliser son champ et de créer un ombrage bénéfique aux cultures, mais aussi de diversifier ses revenus grâce à la vente du bois.

Le café, le thé et le cacao ont besoin de 40 % d'ombre en moyenne. Cela dépend de l'altitude (plus on est en basse altitude plus on a besoin d'ombrage), de l'écosystème environnant (si le champ est entouré d'une forêt très dense et humide, nous allons réduire le couvert forestier de la parcelle) et des conditions du sol et du climat en général (un climat très humide

1. http://www.cosmovisions.com/legumineuses.htm

entraîne une réduction de l'ombrage pour éviter le développement de moisissures, champignons ou maladies). Or, nous savons que ces cultures sont d'origine forestière, et se combinent très bien avec un couvert forestier relativement dense. En Éthiopie, à Kaffa, le berceau du café, j'ai pu observer avec émotion que tous les caféiers poussent sous couvert forestier et donnent un café aux arômes exceptionnels et en quantité régulière, malgré les conditions climatiques changeantes. C'est un excellent exemple d'agroforesterie qui montre par les faits en quoi ce modèle peut aider les agriculteurs à s'adapter aux dérèglements climatiques.

Combiner différentes essences

C'est donc sur les bases de nos observations que nous proposons à l'agriculteur de combiner différentes espèces de différentes hauteurs, et aux fonctions complémentaires tant pour lui que pour l'écosystème

Les essences fruitières, qui lui procureront des revenus à court et moyen terme : 3 à 7 ans dans les pays tropicaux, 5 à 10 ans dans les pays tempérés. Des manguiers, longaniers, oliviers, citronniers, orangers, pommiers, pruniers…, ainsi que les arbres qui produisent des noix : macadamias, noyers, amandiers… Des graines ou des gousses (tamariniers, caroubiers…). Dans tous nos projets, les producteurs sont très demandeurs d'essences fruitières, car les plantons de fruitiers de bonne qualité coûtent généralement cher et sont difficiles à trouver, et leurs bénéfices sont immédiats à moyen terme. Je suis tellement heureux de récolter 2 ou 3 mangues d'un manguier que j'ai planté, et ce parfois dès la première année quand celui-ci a été bien bouturé. En 2 ou 3 ans maximum, je suis sûr de pouvoir rembourser intégralement le prix du planton, et l'arbre va ainsi produire *ad vitam* des centaines de milliers de mangues. Quelle générosité ! Qui plus est, dans un objectif d'autonomie alimentaire, il est possible de dessiner un jardin agroforestier ou « forêt comestible », d'après les régimes alimentaires locaux et qui couvrent quasiment tous les besoins de la population concernée. C'est un modèle que nous développons dans beaucoup de nos projets à travers le monde, en commençant en général par des modèles simples et en proposant ensuite au fermier de combiner de plus en plus intensément les espèces concernées. Nous n'encourageons que la plantation d'espèces natives, donc a priori adaptées au milieu et se combinant harmonieusement.

Les essences forestières à croissance rapide, telles que le bouleau, le noisetier, le saule pleureur, le capirona, etc. produiront de la biomasse et du bois de chauffe, que ce soit pour ses propres besoins (faire des piquets pour l'enclos du champ) ou pour générer des ressources à moyen terme (7 à 15 ans dans les pays tropicaux, 15 à 30 dans les pays tempérés). Il s'agit de taillis à courte rotation, qui vont réduire l'érosion pendant qu'ils poussent, attirer la faune et microfaune, servir de refuge, garder l'eau, puis rapidement être coupés pour alimenter une chaudière ou faire du bois raméal fragmenté (BRF) pour fertiliser les sols. Généralement, les essences à croissance rapide ne produisent pas de bois précieux.

Les essences forestières à croissance moyenne ou lente, généralement de bois précieux ou semi-précieux (teck, acajou, padouk, chêne, hêtre, noyer, etc.), génèrent des revenus à moyen et long terme : 25 à 40 ans dans les pays tropicaux, 40 à 80 ans dans les pays tempérés. Elles sont source de revenus importants une fois arrivées à maturité, mais il faut savoir être patient. Les agriculteurs considèrent souvent ces essences comme leur plan épargne retraite ou leur bas de laine, à utiliser en cas de coup dur ou quand un de leurs enfants doit aller à l'université et qu'il faut payer un montant significatif. C'est la couverture sociale des fermiers, des petits producteurs qui n'y ont généralement aucun accès.

Les essences médicinales. Notons que 80 % des essences forestières en Amazonie sont médicinales. Elles servent généralement à la vente ou à un usage local. Il est possible d'extraire des essences naturelles ou tout simplement la sève, avec des indications multiples. Ainsi, de la Colombie au Pérou, la sève du croton lechleri, appelée *Sang du Dragon*, est un puissant antioxydant doté d'un exceptionnel pouvoir cicatrisant, utilisé soit en externe pour panser des plaies, soit en interne pour soigner angine, infection intestinale, réparation postopératoire ou encore à la suite d'une naissance pour faciliter la cicatrisation des organes. De même les huiles d'andiroba, de copaiba, ou de babassu ont des vertus cicatrisantes et apaisantes, très prisées pour la cosmétique, par exemple. Plus proche de nous, en Europe, le chêne est aussi médicinal, son écorce intérieure permettant de renforcer son immunité et de soigner des infections. Sans entrer dans un inventaire à la Prévert, citons aussi le sapin, l'eucalyptus, le tornillo, le capirona ou l'arbre de la vie, qui tous ont des applications médicales, en grand nombre encore non identifiées. Chaque pays, chaque région du monde a ses propres essences médicinales.

Les lianes, buissons, hautes herbes ou tubercules viennent diversifier et renforcer l'écosystème agricole, ainsi que les revenus des fermiers. Nous soutenons la plantation de lianes comme l'ayahuasca (médicinale), les fruits de la passion, les orchidées telles que la vanille ou les orchidées ornementales, les herbes hautes comme le vétiver (odorante) qui permet de réduire les phénomènes d'érosion, et la citronnelle (pour la cuisine et comme antimoustique) ou la salsepareille (médicinale), les tubercules comme le manioc ou le gingembre (consommés localement), les fleurs comme le tournesol ou le géranium (pour l'alimentation ou la production de pesticides naturels), les buissons médicinaux comme la chakuruna, des arbustes comme le poivre, les piments ou le jatropha (pour la production d'agrocarburant et médicinal), des bambous (pour la consommation de leur cœur et pour la construction), des palmiers et cocotiers (consommation et palmes pour couvrir les toits...), des arbres à coton (sorte d'arbre donnant des fruits remplis d'un épais coton) pour réaliser des matelas ou des coussins, du camphre (aromatique), etc.

L'arbre, élément culturel, source de spiritualité et de paix. Enfin, nous proposons des arbres à dimension symbolique, esthétique, culturelle ou spirituelle : il en existe aussi beaucoup. Je suis toujours étonné de voir des fermiers qui, malgré la faiblesse de leurs moyens et l'urgence de leurs besoins, souhaitent tout de même planter des arbres à portée uniquement esthétique, comme par exemple en Thaïlande, où les villageois veulent souvent planter des arbres à fleurs jaunes et oranges le long des routes dans leur village, dans le seul objectif d'embellir leur quotidien.

En Amazonie andine, le chiwawaku est le plus grand arbre de la forêt. Il est respecté voire vénéré, tant pour sa beauté que pour sa sagesse, considérée comme grande : sa graine mettant plusieurs mois à germer (6 à 9), il enseigne la patience. Après un départ très lent, sa croissance n'a ensuite pas de limites.

Dans tout le pourtour méditerranéen, l'olivier a une dimension hautement symbolique et se trouve à la base du régime alimentaire tout en étant symbole de paix. En Palestine, d'où nous importions de l'huile d'olive avec Alter Eco, les fermiers considèrent évidemment leurs oliviers comme leur patrimoine économique, mais aussi leur patrimoine familial, en particulier les vieux oliviers qui peuvent avoir plusieurs centaines voire milliers d'années. Ils sont respectés et choyés, et on en extrait une huile aux saveurs exceptionnelles. Quand, à Jénine et dans la région de Naplouse, des colons juifs sont venus s'installer sur les terres des fermiers qui étaient nos partenaires, et qu'ils ont commencé à arracher ces oliviers, c'était un déchirement horrible. Voir ces arbres déracinés et emmenés on ne sait où, mais a priori revendus et replantés ailleurs, c'était assister à une forme de crime environnemental et culturel. Non seulement les fermiers se voyaient confisquer leurs terres et leurs oliviers, mais en plus ils ne pouvaient plus accéder à leurs champs pour la récolte dès lors que les colons jugeaient les oliviers trop proches de la colonie. C'est ainsi que nous nous sommes fait poursuivre par l'armée israélienne jusque dans le village palestinien, pour avoir été visiter une parcelle jugée trop près de la colonie. On voit à travers cet exemple que la dimension hautement symbolique de l'arbre touche même à la politique.

Un curé Palestinien, le père Raed, avec lequel nous travaillions à Taybeh, près de Ramallah, se promenait souvent avec des rameaux d'olivier dans sa voiture et lorsqu'on se faisait arrêter par l'armée israélienne, il leur disait: «ok je veux bien passer ou faire marche arrière, mais à la condition de vous acceptiez ce rameau d'olivier, symbole de paix». Le jeune militaire israélien restait généralement interloqué; il refusait, mais le père Raed, suffisamment convaincant, arrivait toujours à ses fins. J'ai beaucoup aimé cette attitude et le fait d'utiliser l'olivier comme symbole de paix entre Israéliens et Palestiniens, car il appartient à leur histoire commune.

En Thaïlande, le ficus religiosa, ou arbre du Bouddha, est révéré: c'est l'arbre sous lequel Shâkya Muni trouva l'illumination et devint le Bouddha. On ne le plante que dans les monastères où il est possible d'en voir des sujets remarquables, parfois vieux de plusieurs centaines d'années. Il pousse même sur la roche nue, ce qui est incroyable. À l'image de la vacuité qu'entraîne l'illumination, son tronc est creux: ces parallèles entre l'arbre et l'homme ne cessent de me fasciner.

Planter un arbre rend heureux

Nous touchons ici à la dimension intérieure reliée à la plantation des arbres, cet acte nous connectant à un idéal, à des valeurs religieuses ou laïques. Cela nous remet dans une perspective de long terme et d'alliance avec la nature. Planter un arbre qui agit comme un véritable aspirateur à pollution et qui génère de multiples bénéfices, c'est rééquilibrer notre rapport de prédateur de la nature : nous lui prenons beaucoup sans rien lui donner en retour, si ce n'est des déchets, pour la plupart non assimilables. L'arbre, c'est exactement l'inverse. C'est lui, le meilleur ami de l'Homme, ainsi qu'un outil privilégié pour se réconcilier avec la nature, et donc avec soi-même. Son importante stature est là pour nous rappeler que la nature nous dépasse et nous englobe. Dans une forêt, on se sent tout petit face aux éléments naturels, et c'est ce sentiment qui devrait nous habiter chaque jour. Nous ne sommes guère plus qu'une poignée de feuilles : en prendre conscience, c'est peut-être la voie du vrai bonheur.

Enfin, j'ai toujours été frappé par la joie, l'énergie positive et les yeux emplis de lueurs que l'on peut observer quand on organise des plantations collectives avec des fermiers, des collaborateurs, partenaires, clients ou le public. Planter un arbre rend heureux, sans aucun doute. De même que chaque fois que l'on fait une bonne action, que l'on s'engage, que l'on se déleste un peu plus de mauvaises habitudes ou de produits de consommation futiles. On touche ici à la question de la vision, qui soutient tout notre raisonnement depuis le début : où va-t-on et comment aller mieux ?

Partie IV

Pour remonter dans l'arbre, de manière systémique : l'insetting

Un enjeu transversal pour se réconcilier avec la nature, au-delà de l'agriculture.

Nous venons d'aborder différentes pratiques agroécologiques : l'agriculture biologique, la biodynamie, la permaculture, l'arbre et l'agroforesterie plus en détails. Et nous pouvons aller encore beaucoup plus loin pour chacune de ces disciplines. Nous pouvons aussi agir dans de multiples autres domaines, en développant une vision intégrale, pas uniquement au niveau des pratiques agricoles, mais aussi au niveau des pratiques sociales, des conditions de travail, des règles de sécurité et d'hygiène, de tout type de risque ou d'externalité négative des filières, dès que cela affecte le climat ou la biodiversité par exemple. Nous le pouvons et même nous le devons.

La priorité est de réconcilier prospérité économique et environnement, par le respect du vivant sous toutes ses formes. Notre modèle économique actuel est en totale contradiction avec l'impératif de gestion de notre écosystème. Il faut reconsidérer nos interdépendances à la nature.

RECONNAÎTRE ET RÉSOUDRE L'INJUSTICE CLIMATIQUE

Une réalité quotidienne

Mai 2015, je rends visite au GIE Femmes du Rif, une coopérative qui réunit 330 femmes dans la région du Rif au nord du Maroc. Cela fait plus de 10 ans que nous nous connaissons et collaborons ensemble. Elles nous fournissaient de l'huile d'olive à l'époque d'Alter Eco et depuis nous avons aussi planté plus de 30000 oliviers ensemble dans le cadre de Pur Projet. À chaque visite, je suis frappé de voir comment ces femmes sont directement victimes du réchauffement climatique et ses dérèglements.

L'an dernier, une canicule a sévi pendant la floraison et les fleurs des oliviers ont grillé sur place: il n'y a donc quasiment pas eu de récolte. L'année précédente, une sècheresse prolongée avait asséché les olives à un tel point qu'il n'était plus possible d'en extraire l'huile. Une année encore avant, des pluies diluviennes pendant la récolte avaient rendu celle-ci impossible. L'huile d'olive est leur principale ressource pour vivre: sans vente d'huile ou d'olives, elles n'ont que leurs cultures vivrières.

L'autre grande récolte dans la région est le cannabis, mais il est illégal de le cultiver. Le programme des femmes du Rif, initié par l'ONUDI (l'Organisation des Nations Unies pour le Développement Industriel), a précisément pour objectif de devenir un modèle de substitution, mais nous sommes encore très très loin du compte: 400 à 600 hectares d'oliviers pour Femmes du Rif contre 400000 hectares de cannabis en production... Par ailleurs, le cannabis est beaucoup plus résistant aux dérèglements climatiques que l'olivier. Or la région est très fortement impactée, l'indice de sévérité de la sécheresse (indice de Palmer) y est à son maximum : 5/5. Ceci signifie que la situation ne peut a priori qu'empirer. Endiguer le cannabis avec des oliviers n'est donc pas évident. Mais qu'à cela ne tienne, ces femmes ont choisi à présent de planter des figuiers et des caroubiers, bien plus résistants, pour continuer à cultiver, récolter et diversifier leurs revenus.

Ces femmes se battent d'une manière admirable. Le relief montagneux et les villages souvent très isolés rendent tout travail de développement beaucoup plus complexe. Et le contexte d'émancipation difficile face à une pression sociale forte ajoute une contrainte supplémentaire. À cela se greffe l'absence de moyens financiers et de soutien technique et administratif. C'est ainsi qu'elles doivent faire face à des enjeux climatiques qui mettent en péril leur avenir. Pourtant, ce dérèglement, elles n'en sont en rien responsables. Leur empreinte carbone annuelle doit se situer dans les 100 kilos de CO_2 par an, soit 100 fois moins qu'un Français moyen (10 tonnes annuelles). Non responsables donc, mais premières victimes, et parmi les moins bien armées pour y faire face : on comprend ici en quoi le climat (son état actuel et son évolution) est aussi une question d'injustice sociale.

Aujourd'hui, c'est bel et bien le combat du climat qui paraît le plus prioritaire dans la réconciliation entre économie et nature. La menace est confirmée par toute la communauté scientifique et si nous n'agissons pas, tous les efforts consentis dans les autres domaines pourront être réduits à néant. Nous devons agir et régler la question ; dans le cas contraire, nous serons confrontés à une situation sans précédent. Aussi, pour régler ce problème, l'approche doit être nécessairement collective, solidaire et mondiale, car nous sommes tous concernés.

Le climat, c'est aussi et peut-être avant tout une question d'injustice à régler, et il est pourtant très peu abordé sous cet angle.[1] Les pays pauvres, les moins responsables des émissions de gaz à effet de serre, sont les premières victimes de ces dérèglements, plus prononcés en milieu tropical et pour lesquels les pays du sud sont moins bien équipés, tant en terme d'infrastructures que de services.

Pendant plus de 60 ans, les pays riches ont émis à tout crin pour asseoir leur croissance, en pillant par ailleurs des ressources dans les pays du sud. À présent, face aux dérèglements climatiques, les pays riches ne veulent pas reconnaître leur part de responsabilité à son niveau réel, et continuer *à se gaver*... Ils ne consentent pas à assez d'engagements de réduction ou d'investissement dans une économie verte pour les pays en développement. Pourtant ces pays sont légitimement en droit de réclamer des compensations, car leur propre développement doit à présent se faire sur des bases différentes, plus respectueuses des enjeux sociaux et environnementaux, et parfois plus coûteuses. Nous voulons plafonner les niveaux et modes de croissance en Afrique, Chine ou Inde, alors que, par habitant, ces pays et ce continent sont en droit de réclamer bien plus que nous.

Il ne s'agit pas d'opposer les uns aux autres, mais de réaliser l'injustice que représente cette question climatique au niveau des négociations internationales. Si nous souhaitons vraiment partager équitablement la dette climatique, au prorata de nos émissions cumulées depuis 1950, les pays riches devraient certainement réduire leurs émissions de plus de 90 %, et s'engager à investir beaucoup plus massivement dans cette transition. C'est une raison du blocage actuel des négociations climatiques par les pays africains, qui veulent plus d'efforts

---

1. Cf. magazine Spécial Climat (Fr2, 21/06/15) : *Et si la guerre en Syrie et les Printemps arabes étaient liés au réchauffement climatique ? Et si quelques degrés de plus engendraient des déplacements de population tels qu'ils génèreraient des affrontements violents pour accéder aux ressources ?*

consentis par les États-Unis et l'Europe. Et au regard du poids des responsabilités, ils ont complètement raison.

Cela ne dédouane en aucun cas les pays en développement de suivre des modes de croissance plus durables. Dans tous les cas, il est dans leur intérêt de faire un saut technologique qui les transpose directement au cœur des innovations disponibles les plus performantes en terme socio-environnemental et économique. Mais leur donnerons-nous accès à ces technologies à un prix raisonnable ?

L'esprit de la compensation carbone : contrebalancer l'injustice environnementale

L'esprit de la compensation carbone, c'est précisément d'aider les pays du sud à développer une croissance verte. Ce mécanisme de la compensation est appelé « mécanisme de développement propre » (MDP) : cela explique bien l'objectif. Mais si les pays riches n'aident pas les pays pauvres à se développer en utilisant des technologies propres, alors nous courrons tous collectivement à la catastrophe.

La compensation est bien, à l'origine, un mécanisme de développement socio-économique et environnemental des pays pauvres : on a eu tendance à l'oublier et le marché de la compensation s'est vite concentré sur les enjeux purement financiers de spéculations et tractations politiques, où chacun a voulu tirer la couverture à soi, ce qui fait que ce mécanisme est aujourd'hui relativement remis en cause. Il n'en reste pas moins à ce jour le seul mécanisme en place pour tenter de rééquilibrer le rapport que chaque pays et organisation entretient vis-à-vis de la question du climat, et ce pour que chacun prenne ses responsabilités.

Plus nous nous imposerons des contraintes fortes de réduction, avec un prix élevé du pétrole et de la tonne de CO_2, plus l'incitation et l'exigence de changement seront fortes et plus les innovations socio-environnementales émergeront rapidement.

Pour créer un contexte propice à ces innovations, il faut d'un côté taxer fortement les énergies et les émissions de CO_2 (la taxe carbone) et de l'autre réinvestir ces fonds dans les innovations vertueuses. Il faut voir la contrainte climatique comme une opportunité pour sortir de cette crise par le haut. Si a l'inverse on reste crispés sur la défense de nos intérêts privés et étatiques, on va tous couler ensemble. L'investissement à réaliser est sans précédent et les retours parfois incertains à court terme, mais les pays qui investissent le plus actuellement sortiront forcément gagnants de ce « pari climatique ».

L'UTILITÉ DE LA COMPENSATION CARBONE, MALGRÉ SES LIMITES

Quand on aborde le sujet très débattu de l'utilité du marché du carbone, je me rappelle toujours ce souvenir très précis d'un après-midi, en juin 2009, au Pérou, sur le fleuve Alto Huayabamba, dans la zone appelée Martin Sagrado en Amazonie Andine. Nous admirions un concert de cascades qui se jetaient dans le fleuve que nous remontions paisiblement en barque motorisée, avec des producteurs de cacao de la zone et des membres de la fondation Fundavi, qui gère des projets communautaires forestiers en cet endroit. Après plusieurs jours harassants, nous avions décidé de nous accorder un break, à la rencontre des multiples communautés résidant le long du fleuve qui développent des projets de reforestation. Nous contemplions les singes et les papillons, présents en très grande quantité. D'après les entomologies du Muséum d'Histoire naturelle de Paris, cette région est l'une des plus riches en espèces de papillons de toute l'Amazonie. Sur les berges, nous pouvions observer des empreintes de tapirs, et à certains endroits des nuées de perroquets qui avaient fait leurs nids dans les multiples cavités d'une falaise surplombant le fleuve. Nous nous arrêtons sur une plage de sable fin, et les fermiers décident d'aller pêcher : ils ramènent une bonne dizaine de poissons en moins de 5 minutes, juste avec leur petit filet. Une nature exubérante et extrêmement généreuse, des plantes, fougères, arbres, buissons en tout genre, entremêlés dans un décor d'Eden, partout du vert et des milliards d'insectes. Bref, nous nous croyons dans le film *Avatar* (James Cameron, 2009), mais en vrai, et en mieux.

Je les interroge alors : « à qui donc appartient cette forêt incroyable ? » « au gouvernement péruvien » me répondent les experts, « mais il n'a aucun moyen pour la protéger ». Ils n'ont déjà pas assez de ressources pour protéger les parcs nationaux, alors pour le reste des forêts c'est encore plus compliqué. De fait, il y a là des activités forestières et d'orpaillage illégales, ainsi que de la pêche à la dynamite dans le fleuve. La situation est incontrôlable par les communautés locales, tant qu'elles ne sont pas concessionnaires de cette forêt. C'était une zone de production de la coca jusque dans les années 1990 et certaines personnes ont gardé un esprit *Far West*, où la justice se rend par soi-même. En cas de pratique illégale, on ne peut pas juste débarquer et forcer la personne à partir : il faut la convaincre de son intérêt à modifier sa pratique, pour préserver la ressource pour son propre avenir. Mais sans gestion globale du territoire, sans argent et sans autorité légale pour gouverner la zone, c'est impossible.

Je pense alors au mécanisme REDD[1] (Reducting Emissions from Deforestation and forest Degradation), qui est naissant à l'époque. C'est une nouvelle méthodologie carbone qui permet de protéger des zones de forêt intactes en valorisant les efforts de réduction de la déforestation des communautés

1. http://www.un-redd.org/
http://unfccc.int/land_use_and_climate_change/redd_web_platform/items/4531.php
http://theredddesk.org/

locales et en finançant des activités économiques complémentaires communautaires comme la pisciculture, l'apiculture, l'écotourisme, ou toute activité génératrice de revenus sans déforester, ce qui permet ainsi de réduire la pression sur la forêt.

Un grand débat s'engage immédiatement dans la barque. On me pose déjà mille questions sur ce mécanisme: serait-il en mesure d'aider les communautés à prendre cette vaste forêt en concession? En leur donnant ensuite les moyens de l'entretenir, de la protéger et de réduire la pression anthropique avec ces activités socio-économiques, vitales pour la population locale? Il s'agit de trouver un équilibre entre la satisfaction des besoins humains et le respect du vivant, précieux et présent de manière tellement variée dans la zone. On se met à rêver, à échafauder un plan de travail: il faut contacter les autorités locales et provinciales en charge de la gestion de la zone, pour leur parler du mécanisme et voir s'ils seraient ouverts à un projet de ce type porté par les communautés locales. Nous sommes confiants, car déjà très présents avec le projet de reforestation, et l'effort et la cohésion des producteurs sont reconnus.

Ajouter un volet de conservation forestière paraît alors tout à fait complémentaire et dans nos cordes. Une des associations environnementales d'un village du fleuve, 2 de Mayo, a d'ailleurs déjà engagé des démarches pour l'enregistrement de 100000 hectares de cette forêt en concession communautaire. La volonté était là, un projet est né. Aujourd'hui, 384000 hectares de forêt primaire ont été concédés aux associations et coopératives locales représentant les producteurs de la région, pour des concessions de 40 ans. Le projet est certifié suivant la méthodologie REDD, à travers deux référentiels: VCS (Verified Carbon Standard) et CCBA (Climate Community Biodiversity Alliance). Ces coopératives et associations gèrent intégralement les activités communautaires de surveillance et de développement économique. D'autres zones sont en cours de concession, le gouvernement ne demandant pas mieux que de confier la gestion environnementale et sociale de ces zones aux communautés qui y résident, en particulier lorsque l'opérateur qui en fait la demande a une vocation socio-environnementale et une capacité économique, via les coopératives. L'aide internationale apportée par la vente de services environnementaux, comme le mécanisme de compensation carbone REDD, apporte la viabilité financière des projets et le monitoring de l'impact sur la déforestation réellement évitée.

Ce projet est né de l'émerveillement face à la beauté incroyable de la forêt et de ses habitants. Quand j'ai prononcé le mot REDD pour la première fois sur ce bateau, j'avais l'impression de parler un peu dans le vide, de lancer une idée qui très certainement ne verrait pas le jour... Et pourtant, aujourd'hui ce projet est vivant et étend sa zone d'influence à 2,4 millions d'hectares via son enregistrement en zone de biosphère à l'UNESCO. Tout cela à partir d'un après-midi bucolique de farniente.

La nature nous appelle à la protéger, et c'est urgent. Le carbone, malgré toutes ses limites, a, à mon sens, au moins ce mérite d'arriver à mobiliser rapidement des moyens financiers que nous n'aurions pas sinon. Qui souhaite s'engager à protéger une forêt de 400000 hectares pendant 40 ans, sans en être propriétaire et sans pouvoir y développer d'activités autres que de conservation, sans aucune exploitation commerciale? Personne. Grâce à la compensation, on lève des fonds directement investis dans le projet. Ils sont mis au service de ces milliards d'arbres, plantes, champignons, insectes, tapirs, singes, papillons et oiseaux. C'est aujourd'hui le seul moyen de financer leur protection. Cela est rendu possible grâce à des entreprises qui s'engagent significativement et sur le long terme, comme Ben & Jerry's pour compenser l'empreinte des glaces ou Caudalie via leur fondation, pour ce qui concerne ce projet.

Le marché du carbone, malgré toutes ses limites et dysfonctionnements, reste un outil utile pour trouver un étalon de mesure des émissions d'une entreprise d'un côté, et des engagements de réduction et de compensation d'un projet de l'autre. Sinon, sans passer par cette comptabilité carbone, comment évaluer l'empreinte climatique (ou même écosystémique) d'une organisation, et comment poser en face un plan de réduction réellement centré sur les vraies priorités? C'est ce que permet un programme de compensation, ne serait-ce qu'au niveau des émissions générées. Nous sommes toutefois bien conscients que ces outils et marchés sont des moyens, mais clairement pas une fin en soi.

DE LA COMPENSATION CARBONE À L'INSETTING

Avec Pur Projet, nous ne développons pas des projets climatiques pour «vendre du carbone»: nous les développons parce que nous souhaitons lever des fonds, qui sont aujourd'hui alloués à d'autres dépenses (marketing, commercial...). En transférant ces budgets nous finançons des projets de régénération des écosystèmes, afin de soutenir les efforts agroécologiques et solidaires de petits producteurs agricoles qui n'ont pas les moyens de financer cette transition. Nous sollicitons les entreprises qui se fournissent auprès d'eux, car elles ont un intérêt direct à les soutenir. Elles renforcent ainsi leurs propres filières et réduisent leur propre empreinte. C'est ce que l'on appelle l'Insetting: la compensation des impacts spécifiques d'une entreprise sur son écosystème (sols, eau, biodiversité, climat, social...), à l'intérieur même de cet écosystème.

L'exemple de Ben & Jerry's (B & J's) est intéressant. La marque participe au projet Martin Sagrado au Pérou, tout d'abord parce qu'elle était engagée en commerce équitable et achetait la noix de coco de la coopérative Acopagro où est situé ce projet. Acopagro a pris la responsabilité de la gestion de 100 000 hectares des 400 000 du projet. Ainsi, c'était un cas d'Insetting idéal pour Ben & Jerry's : aider les producteurs de noix de coco au niveau des prix, de la régénération et de la préservation de leur écosystème. Les cocotiers et cacaoyers, qui sont les cultures dominantes dans la zone, ont besoin d'un écosystème boisé en amont, pour assurer un cycle de l'eau régulé et abondant tout au long de l'année. La protection de la forêt prend alors tout son sens, car c'est aussi elle qui garantit les approvisionnements pour B & J's.

Avec eux, nous avons aussi lancé un projet d'Insetting similaire avec des producteurs de vanille d'Ouganda, fournisseurs de la marque. Ils sont situés au milieu de deux parcs nationaux où résident les derniers gorilles du pays vivant en liberté. Les enjeux y sont à nouveau multiples et très riches : la vanille, qui est une liane, a besoin d'ombre et de tuteurs pour grandir et l'écosystème au niveau régional a besoin de corridors écologiques et d'une préservation des ressources forestières, notamment pour renforcer l'habitat de ces derniers gorilles. Comme au Pérou, nous ressentons la même énergie et le même désir des fermiers en Ouganda de prendre en main la gestion de leur écosystème via les activités de leur coopérative. Là aussi, un projet est né, un nouveau rêve à réaliser. Ben & Jerry's explore et développe ainsi de multiples autres projets au sein de ses filières[1]. C'est là autant d'opportunités de créer de la valeur partagée, entre B & J's, les fermiers et l'écosystème global. Voilà l'utilité concrète du carbone pour les fermiers et la planète à travers ces exemples.

Certains de nos partenaires investissent dans ces projets sans demander de crédits carbone ou de certificats afférents, comme Caudalie qui donne via sa fondation 1 % de son

1. http://www.benjerry.com/values/issues-we-care-about/climate-justice

chiffre d'affaires pour des projets environnementaux[1] sans rien réclamer en retour. Pour les autres, tel B & J's, cela ne change rien au fait que leur motivation est de réduire leur empreinte, de la rééquilibrer (qu'elle soit climatique ou plus globalement socio-environnementale) et de renforcer leurs filières. Ces entreprises veulent être utiles et que l'utilité des projets soit mesurable, quantifiable. Quelles que soient les limites de ces démarches, elles ont le mérite d'exister alors qu'il n'y a à ce jour aucune alternative mieux-disante pour faire sa part et tenter de compenser son empreinte, avec un instrument de mesure reconnu internationalement.

Le faux argument de la bonne conscience

Dire que certains compensent pour se donner bonne conscience est un argument généralement utilisé par ceux qui ne font rien et veulent justifier leur propre inaction. C'est aussi se donner bonne conscience que de décrédibiliser ceux qui s'engagent. Je n'ai jamais rencontré une entreprise qui se soit engagée dans un bilan carbone sans que cela soit dans l'intention de réduire son empreinte. D'ailleurs, l'entreprise n'a jamais intérêt à émettre plus, car cela signifie aussi des dépenses supplémentaires. Et ce même quand elle compense, et je dirais même surtout quand elle compense, car cela signifie qu'il y a des dépenses énergétiques en trop et la nécessité d'une compensation supplémentaire pour couvrir ces émissions non réduites. Donc non, on ne compense pas pour se donner bonne conscience, ou alors il faut être vraiment schizophrène et masochiste à la fois! Par ailleurs, dans un tel contexte de crise environnementale, alors que *la maison brûle*, il ne s'agit pas de faire un procès d'intention

1. http://fr.caudalie.com/cosm-ethique/une-marque-engagee.html#1-percent-for-the-planet

à ceux qui tentent d'éteindre un peu l'incendie. Il faut plutôt trouver les solutions, encourager ceux qui agissent à agir plus et mieux, et inviter ceux qui ne font rien à s'engager.

La situation que l'on observe parfois, où ceux qui ne développent rien ne font que critiquer le peu d'organisations déjà engagées, est totalement improductive. Il faut au contraire encourager toutes ces innovations, même si elles créent une rupture ou un déséquilibre, des contradictions et un débat au départ, et peut-être même avant tout si elles le font. Si elles dérangent, c'est qu'il y a un sujet, un débat de société, qui va créer des interactions et des apprentissages mutuels. Ces frottements sont bénéfiques et il ne faut pas tenter de les cacher, mais au contraire les utiliser pour rebondir sur ces aspérités, qui participent à créer la culture de société de demain.

La compensation en Insetting est une solution parmi d'autres. Ce n'est pas la seule, elle n'est pas exemplaire, mais c'en est une. Et notre priorité est de la mener dans un esprit de justice sociale, avec efficacité et en impliquant les entreprises. À partir de l'engagement financier de ces entreprises, on peut faire levier sur des fonds institutionnels et publics, qui vont complémenter et étendre l'impact du projet. Nous souhaitons ainsi faire tache d'huile au maximum pour que ces projets, intrafilières au départ, s'étendent au niveau régional, voire national, comme le projet de la Fundavi au Pérou évoqué précédemment.

L'Insetting, pour sortir la compensation de sa niche et élargir les perspectives

La compensation a souvent, à juste titre, l'image de proposer des projets certes utiles, mais déconnectés des sources d'émissions qu'ils sont sensés mitiger, compenser. Les entreprises achètent des crédits générés dans des pays et par des projets qui n'ont rien à voir avec leurs activités, et cette déconnexion rend la démarche peu lisible, peu impliquante, et parfois peu légitime. L'idée de compenser les émissions d'une entreprise au sein même de son cœur de métier, de ses filières par exemple, est beaucoup plus parlante et utile pour l'entreprise et son écosystème, car l'investissement a des impacts tant sur son empreinte que sur ses produits et son image. Son effet multiplicateur et la création de valeurs partagées sont bien plus significatifs. Et ce qui nous est proche, nous touche davantage. C'est ainsi qu'avec différents partenaires, nous avons progressivement défini et formalisé ce qu'est l'Insetting, pour encourager l'intégration des pratiques climatiques au sein même des entreprises.

Insetting vient d'un jeu de mots à partir de *Offsetting* (compensation carbone en anglais), où l'on a remplacé *Off* par *In* pour bien illustrer le fait que le projet a lieu au cœur de la filière et dans le cœur de métier de l'organisation concernée: là où sa responsabilité est engagée, sa sphère d'influence.

Plus les projets climatiques sont intégrés au business model des entreprises et plus l'investissement sera massif et à long terme. Il faut que l'entreprise y trouve son intérêt de façon évidente. Nous avons ainsi participé à créer la Plateforme Internationale pour l'Insetting (IPI), qui regroupe des développeurs et des opérateurs de projets écosystémiques (Soil & More, Etc terra...), des certificateurs (Plan Vivo, Ecocert...), des entreprises (Accor, Chanel, Nespresso, Clarins...), et d'autres parties prenantes (ONG, experts, coopératives...) afin de participer au développement d'un mouvement mondial pour encourager et valoriser les politiques et projets climatiques intégrés. La définition de l'Insetting par IPI va même plus loin: «créer un changement positif à long terme en compensant les impacts sociaux et environnementaux d'une organisation, au sein de son propre écosystème». Car l'ambition n'est pas que climatique, mais bien multicritères, écosystémique (sols, eau, biodiversité, climat, revenus et mode de vie des populations...). Il faut intégrer les politiques climatiques dans les entreprises et les intégrer avec les autres sujets connexes, afin de donner une image légitime et complète des enjeux et de la manière de les résoudre.

Une stratégie d'Insettting ainsi développée, de manière intégrée à l'entreprise et multicritères, est beaucoup plus juste et impactante qu'une simple opération d'achat de crédits carbone pour compenser ses émissions. D'autant plus lorsque ces crédits sont générés à l'autre bout du monde via une mécanique déconnectée du secteur d'activité de l'organisation qui compense. Avec l'Insetting, on participe bien au changement de modèle de l'intérieur et on relie intérêt économique avec intérêt environnemental et social, pour un même acteur. Cela crée une dynamique vertueuse, car l'entreprise gagne de l'argent en s'engageant, grâce aux réductions d'empreinte et aux retombées bénéfiques sur son produit et son image. Les intérêts sont alignés, la dynamique fortement en marche, sans obstacle pour passer à l'échelle supérieure.

L'Insetting de conscience

Il n'y aura pas de changement sans prise de conscience au plus profond et au plus proche. Au cœur des organisations, comme au cœur de chaque individu. C'est cela l'insetting. Sans prise de conscience individuelle, rien ne pourra se faire au niveau collectif. Et réciproquement. Pour toucher les individus, il faut bien d'abord un mouvement collectif.

Nous devons « insetter » la conscience collective avec ces enjeux. C'est nécessaire pour mobiliser et créer une dynamique d'entreprise et une nouvelle culture de société. Cette dynamique se situe entre la dimension intérieure et extérieure du changement, entre sa dimension individuelle et la dimension collective ; c'est aussi l'esprit de la *théorie intégrale* dont Ken

Wilber est le chef de file[1]. C'est cette dynamique qui peut nous permettre de dépasser nos difficultés du moment. Un élargissement de notre champ de conscience au niveau individuel et collectif, et donc un changement tout autant intérieur qu'extérieur.

MONÉTISER POUR AIDER À LA PRISE DE DÉCISION

La monétisation du vivant inquiète, et cette inquiétude est justifiée. Finalement il s'agirait de « vendre » l'air, l'eau ou la biodiversité qui sont générés par la compensation, pour s'exonérer de droits à polluer. Mais comme outil d'aide à la décision, pour valoriser l'extraordinaire puissance de création de richesses de la nature, et notamment des arbres, une telle démarche peut être très utile. Pour un grand groupe, elle permet de justifier devant ses actionnaires pourquoi investir dans un programme de régénération de l'écosystème de plusieurs millions voire dizaines ou centaines de millions d'euros.

Avec Pur Projet, nous avons développé un outil, le *Monetizer*, qui nous permet de démontrer que l'investissement réalisé dans une politique d'Insetting – via l'agroforesterie, par exemple – va générer x fois le montant investi via la génération de multiples services. Ceux-ci sont économiques (fruits, bois, énergie, médecine...) et écosystémiques (dépollution de l'eau, enrichissement des sols et des auxiliaires de culture tels les insectes, vers et la microfaune, biodiversité, mitigation et adaptation climatique, diversification et stabilisation des revenus des fermiers...). Par ailleurs, ces services ont un impact positif sur la filière, en termes de sécurisation des approvisionnements et d'amélioration de la qualité du produit.

---

1. D'après sa Théorie Intégrale De La Conscience *Le Livre de la Vision Intégrale. Relier épanouissement personnel et développement durable*, de Ken Wilber (2008).

Le bénéfice est donc direct pour l'entreprise qui s'engage, et nous sommes en mesure de l'évaluer. En moyenne, pour un investissement de 6000 dollars dédié à la plantation de 1 000 arbres sur 1 hectare, la parcelle va ensuite générer en moyenne de 8000 à 16000 dollars de services économiques et écosystémiques par hectare et par an, et ce sur plus de 20, 50, 100 ans, pour ce qui concerne les arbres plantés. Cela représente des taux de rentabilité inégaux, plus de 100 à 200 % de revenus supplémentaires en 5 à 10 ans pour le fermier et 2 à 3 fois la valeur initiale investie, générée chaque année en services écosystémiques, gratuits, sur 20 à 50 ans. Est-il seulement possible d'imaginer un produit financier qui propose autant de rendement ?

Nous valorisons chacun de ces services grâce à une base de données unique réunissant plus de 1 000 études scientifiques sur les bénéfices écosystémiques des arbres et à l'aide de mesures sur le terrain, réalisées par des partenaires académiques extérieurs. Nous sommes ainsi aptes à délivrer des évaluations d'impact des plantations, sur le long terme (40 ans pour nos projets climatiques) et sur différents critères : les sols, l'eau, le climat, la biodiversité, les revenus des fermiers. Nous utilisons la science pour démontrer la valeur inégalée du vivant, et de l'arbre en particulier. Ceci légitime fortement la démarche.

La monétisation des bénéfices écosystémiques et économiques générés n'est qu'un indicateur, mais il est fondamental parfois pour déclencher la décision et ensuite prouver que le projet atteint bien les objectifs énoncés. Pour des projets d'une telle ampleur, nous avons un devoir de monitoring très précis des multiples bénéfices, ne serait-ce que par éthique, mais aussi pour encourager d'autres à imiter ces démarches, en leur prouvant qu'elles ont un retour sur investissement considérable tant pour les bénéficiaires extérieurs, leur écosystème, que pour l'entreprise qui s'engage.

De planteurs d'arbres à développeurs de projets écosystémiques multicritères

Au Pérou, par exemple, le projet de reforestation avec la coopérative de producteurs de café et cacao bio et équitable Oro Verde que nous soutenons affiche un potentiel de génération de services économiques de 14000 USD par hectare et par an, pour un investissement initial de 6000 USD par hectare. Par services économiques nous entendons: augmentation des rendements des récoltes (de café et cacao, bois, fruits, médecines…) et écosystémiques (eau, sol, climat, biodiversité…). Ainsi, grâce à cet outil nous pouvons démontrer que l'investissement dans un modèle agroforestier de ce type est très rentable et utile, tout à la fois pour les fermiers, l'écosystème et l'entreprise qui le soutient. Les services économiques sont perçus par les fermiers et les services écosystémiques renforcent la productivité des champs, donc à nouveau les revenus des fermiers, ainsi qu'ils sécurisent la filière pour l'entreprise et régénèrent l'écosystème. Au-delà de compenser l'empreinte environnementale de l'entreprise, ils rendent des services d'intérêt général. Toutes les parties concernées se partagent donc de multiples bénéfices. Pour convaincre une grande entreprise de remonter dans l'arbre, il faut beaucoup plus qu'un simple discours incantatoire sur la nécessité de changer. Il faut lui prouver, avec ses propres outils, financiers et stratégiques, que cet engagement est un bon investissement pour elle et ses parties prenantes, et que les résultats pourront être évalués, suivis et certifiés par un tiers. Sans tout cela, elle aura du mal à s'engager ou bien elle ne s'engagera pas significativement, pas durablement, comme dans un projet de mécénat: c'est déjà bien, mais ce n'est pas le bout du chemin.

Notre métier s'est donc fortement complexifié, nous voyant passer de planteurs d'arbres à développeurs de projets écosystémiques multicritères, suivis sur le long terme et standardisés afin de pouvoir être intégrés dans de grands groupes au sein des différents filiales et métiers (marketing, commercial, communication, qualité...). Et la valorisation des services écosystémiques a pris une dimension centrale dans notre activité, nous conduisant à créer le Pur Lab, un laboratoire scientifique qui recense, répertorie, analyse et intègre dans le Monetizer toutes les études relatives aux services écosystémiques afin d'affiner notre maitrise du sujet. Le Pur Lab a par ailleurs développé un grand nombre de partenariats avec des universités dans le monde entier, comme avec la prestigieuse School of Forestry de l'Université de Yale, pour aller analyser et évaluer dans nos projets les services effectivement générés. Enfin, ceci permet de donner à l'argumentaire pour l'arbre un fondement scientifique puissant et vivant.

L'objectif est toujours le même et il est double : réduire son empreinte et réinvestir les économies dans la régénération de son écosystème. Progressivement, nous redécouvrons toutes les interdépendances sur lesquelles il est possible de jouer pour réconcilier ce que tout semble opposer. Il s'agit souvent de pépites d'innovations qui permettent aux entreprises de réduire significativement leur empreinte et donc leurs coûts. Ainsi elles peuvent réinvestir les économies réalisées dans des projets porteurs de sens et créateurs de valeur partagée.

Quand le CAC 40 valide l'importance de l'arbre en assemblée générale

Nous avons un exemple pionnier qui est une petite révolution au sein des grandes entreprises et dans l'histoire des arbres. Depuis 2009, le groupe Accor est engagé dans une démarche complète d'amélioration de sa performance socio-environnementale, à de multiples niveaux ; depuis la certification environnementale ISO14001 des hôtels, l'efficacité énergétique, la lutte contre le tourisme sexuel, ou la préférence donnée aux produits équitables et biologiques. L'engagement d'Accor se décline sur 21 engagements complémentaires.

Un des programmes de ce dispositif s'appelle Plant for the Planet, et consiste à encourager les clients à réutiliser leurs serviettes pour éviter des lavages inutiles et ainsi réduire l'empreinte eau et énergie des hôtels. Ce programme a permis en 5 ans d'économiser plus de 13 millions d'euros en frais de blanchisserie inutiles, dont la moitié ont déjà permis de financer la plantation et le suivi de plus de 4 millions d'arbres. Ceux-ci sont plantés au plus près des hôtels, pour régénérer leurs écosystèmes. Accor propose là une vision élargie du métier d'hôtelier, qui ne se limite pas à offrir un lieu accueillant et chaleureux, un cocon fermé sur lui-même. Accor s'engage dans la régénération de son écosystème, car son activité en dépend : qui viendra dans un hôtel situé dans un milieu pollué ou instable socialement ?

Cette année, à l'occasion de l'assemblée générale des actionnaires, Sébastien Bazin, le président d'Accor, a fait voter, à 97 %, la « résolution de l'arbre ». Une première dans l'histoire des entreprises du CAC 40, les actionnaires étant très rarement mobilisés sur les enjeux d'environnement ou les questions sociales ; on leur réserve généralement les questions administratives et financières. C'est un tort, car ils sont souvent les premiers influenceurs des stratégies des entreprises.

La résolution reconnaît à l'arbre ses vertus non seulement environnementales, mais aussi économiques, comme un outil d'aide à la réduction des consommations. En effet, proposer aux clients de planter des arbres avec une partie des économies réalisées est un facteur de motivation pour réutiliser sa serviette, et les réductions ont été plus importantes depuis que le dispositif est en place. La résolution engage par ailleurs Accor à planter 10 millions d'arbres d'ici 2021, soit 6 millions de plus.

Enfin, la résolution engage aussi Accor à encourager d'autres entreprises à suivre ce modèle, d'où la participation à la création d'une plateforme pour l'Insetting (IPI), afin de regrouper d'autres entreprises engagées dans des démarches similaires et participer ainsi à créer un mouvement pour l'Insetting, bien au-delà du périmètre d'action d'Accor.

Résolution de l'arbre votée en AG Accor, le 28 avril 2015 :

> ***Vingt-cinquième résolution*** *(Résolution de l'arbre)*. – Nous, actionnaires du groupe Accor, réunis en Assemblée Générale ordinaire, prenant acte du succès du programme Accor *Plant for the Planet* qui, avec ses 4 millions d'arbres plantés dans le monde depuis 2009, a créé un cercle vertueux, en encourageant nos clients par des gestes simples et efficaces à réduire nos charges et consommations d'eau et d'énergie, à régénérer grâce à la plantation d'arbres, des écosystèmes dégradés ou fragilisés et à aider ainsi des milliers d'agriculteurs et leurs familles à travers le monde,
>
> – réaffirmons notre engagement à continuer de promouvoir et soutenir la plantation d'arbres au travers de *Plant for the Planet*, pour réduire notre empreinte climatique tout en augmentant la performance économique, sociale et environnementale de l'entreprise, avec un objectif de 10 millions d'arbres plantés en 2021 ;
>
> – et affirmons notre volonté de voir Accor prendre en outre une part active pour fédérer d'autres entreprises autour d'une démarche ouverte de partage de connaissances et d'expériences dédiées à la préservation de l'écosystème global.

Qui aurait cru que l'arbre serait un jour soumis au vote dans une assemblée générale du CAC40 ? Je trouve ces démarches particulièrement encourageantes pour l'avenir. Elles sont massives, multicritères et pleinement intégrées au business model de ces entreprises. Elles visent à créer de nouvelles normes économiques, une nouvelle culture de société où les produits et services élargissent leur périmètre de responsabilité et d'engagement. Elles aussi ont vocation à changer le monde.

Partie V

L'arbre cache une forêt d'innovations économiques et sociales

Réintégrer l'économie dans la nature, autant d'opportunités de création de valeurs et d'emplois.

AU-DELÀ DE L'ARBRE, VISER L'APPROCHE INTÉGRALE

Le mouvement *intégral,* que nous avons évoqué précédemment est contemporain, né aux États-Unis, avec des penseurs comme Ken Wilber[1], Andrew Cohen[2] ou Steve Mac Intosh[3]. Cette pensée envisage l'histoire du monde et de toute chose ou discipline comme une histoire d'évolution progressive. Notre destinée, c'est d'intégrer progressivement plus de complexité et de critères à nos activités. C'est une approche dyna-

1. http://www.kenwilber.com/home/landing/index.html
https://integrallife.com/contributors/ken-wilber
2. http://www.andrewcohen.org/
3. http://www.stevemcintosh.com/

mique de l'histoire, qui nous engage dans une vision non duale, non jugementale. Nous prenons conscience que nous sommes tous à des stades d'évolution différents, et amenés à réconcilier les divergences d'opinions à travers une pensée intégrale qui transcende toutes nos contradictions. Ceci appelle à un niveau de conscience supérieur pour dépasser les clivages et réussir l'union. Celle-ci peut s'appliquer à toutes les disciplines et à tous les secteurs d'activité; c'est une vision avec des outils pour avancer et faire avancer l'histoire dans le bon sens: celui de la réconciliation et du dépassement des antagonismes, de la recherche de complémentarité, d'unité entre acteurs différents qui sont liés, pour déborder nos clivages actuels et sortir par le haut des défis auxquels nous sommes confrontés.

Appliquée à une filière, l'approche intégrale consiste à intégrer progressivement tous les enjeux de durabilité, et ce vis-à-vis de toutes les parties concernées (producteurs, importateurs, marques, consommateurs, politiques et société civile, écosystème) en visant à terme le produit non dual; c'est-à-dire un produit qui aura résolu tous ses dommages collatéraux en terme social et environnemental, un produit *parfaitement durable* en quelque sorte.

Cela paraît utopique. Pourtant, avec Alter Eco, nous avions engagé l'entreprise dans une démarche de ce type[1], pour les produits de la marque, en particulier la gamme de chocolats. Produits à partir de cacao et de sucre de canne non raffiné issus de l'agriculture biologique, achetés suivant les principes du commerce équitable, compensés en carbone via un programme d'Insetting en partenariat avec les producteurs de cacao eux-mêmes, emballés dans un emballage écoconçu... L'objectif était de réaliser le produit le plus *parfaitement durable*

1. http://www.altereco.com/page/alter-eco/33.Demarche-integrale-et-garantie.html

possible. Il est toujours possible de se dire que le mieux est de ne pas importer ce cacao, et de se contenter de produits disponibles localement : certes. Mais c'est alors s'engager dans un combat de titans (surtout pour des amateurs de chocolat !).

Nous suivons ce genre de démarche intégrale pour différentes entreprises du secteur du luxe ; cela a d'autant plus de sens quand la marque est positionnée sur l'excellence, cette dernière devant aussi forcément s'appliquer aux enjeux socio-environnementaux. Comment prétendre être une marque supérieure de parfum, café ou de services si l'on ne s'exprime pas sur ces enjeux et que l'on n'agit pas positivement sur les questions du climat ou sur la conformité sociale, par exemple ?

LES DEVOIRS DES GRANDES ENTREPRISES

Grandir ensemble. Le devoir d'exemplarité et d'accompagnement de Chanel

Un exemple est particulièrement parlant pour moi, avec l'entreprise Chanel que nous accompagnons depuis plusieurs années, sur l'audit socio-environnemental de leurs filières en cosmétique. Nous avons élaboré, avec eux, une méthode d'audit holistique, s'appliquant à toute filière, qu'elle soit industrielle, agricole, forestière ou marine, et passant en revue tous les enjeux de conformité durable[1]. En gros, toute question que tout type de filière doit se poser, en lien avec des enjeux sociaux ou environnementaux, de gouvernance comme d'éthique. Nous avons construit cette méthodologie ensemble, ainsi qu'avec les fournisseurs qui ont répondu très positivement

1. Recoupant les standards ISO14001, SA8000, OHSAS18001 (ISO 45000), ISO27000, AA1000, et les référentiels FSC, MSC et de bonnes pratiques d'élevage

à la démarche et l'enrichissent de leurs propres expériences et bonnes pratiques.

L'ambition de Chanel est d'encourager toutes les filières à atteindre l'excellence en termes de qualité et de durabilité, en les accompagnant gratuitement, via des audits, un outil et des formations. C'est un esprit d'accompagnement qui prévaut, de collaboration et co-construction de filières plus vertueuses à travers des partenariats élargis, au-delà de la relation commerciale et de l'exigence qualité des produits.

La qualité est nécessairement holistique, surtout pour une marque telle que Chanel, et cela implique aussi des relations approfondies et nourries avec les fournisseurs. Les audits nous mènent de la France à la Chine, et partout nous observons une vraie écoute sur ces sujets, un intérêt de toutes les filières à répondre positivement à ces exigences. Car ces cahiers des charges socio-environnementaux sont autant de moyens de valoriser la filière et le produit. L'audit sert à identifier de manière très exhaustive tous les risques, certes, et à assurer une conformité exemplaire, mais aussi à établir un dialogue et une dynamique sur l'innovation socio-environnementale au cœur de la filière. Ces sujets sont des opportunités de différentiation pour chacun des acteurs de la filière, la possibilité d'être plus innovant socialement et environnementalement que ses concurrents, de gagner des parts de marché en étant plus durable et performant. Ils créent une relation extracommerciale, un lien de partenariat pour une vision et une création de valeurs partagées.

Chanel est une marque leader, et le fait qu'elle envoie, à tous ses fournisseurs, un signal et un encouragement à viser collectivement l'excellence durable, est une incitation très forte. Durant nos audits, toute l'équipe du fournisseur est mobilisée: même si Chanel représente parfois peu dans ses ventes, c'est un client de référence, que l'entreprise veut garder. Si Chanel relève la barre, c'est ainsi tout un réseau de fournisseurs, et à terme tout un secteur d'activités, qui peut être mis en conformité et qui s'engage dans un progrès socio-environnemental continu. La concurrence se place ainsi sur les questions de durabilité et cela crée une émulation sectorielle et vertueuse. C'est le principe de concurrence verte et vertueuse que l'on défendait chez Alter Eco, une concurrence du mieux-disant social & environnemental, afin d'incorporer toujours plus de création de valeur positive dans le produit et ses filières.

L'idée est de monter la barre progressivement, en intégrant des critères de plus en plus nombreux: la conformité sociale et environnementale, puis l'engagement dans différents projets d'Insetting ayant des impacts positifs sur l'eau, la biodiversité, le climat, les sols, les revenus des fermiers, une meilleure prise de conscience des consommateurs et du public, etc.

Nespresso, quand une polémique vous donne un temps d'avance

C'est aussi le modèle suivi par Nespresso avec la positive cup[1] : un café qui à horizon 2020, aura un impact net positif en carbone et des impacts positifs sur différents indicateurs suivis, comme les sols, l'eau, la biodiversité et les revenus des fermiers. Une démarche holistique, depuis l'extraction de l'aluminium, la production agroécologique du café (certification AAA et agroforesterie) et jusqu'à la fin de vie du produit, avec le recyclage des capsules et, in fine, leur réutilisation en économie circulaire.

La première fois que j'ai rencontré le patron de Nespresso France, Arnaud Deschamps, il m'a parlé pendant 45 minutes non-stop des enjeux du recyclage de la capsule et de ce qu'ils avaient mis en place pour participer à régler le problème, notamment via les aimants courant de Foucault (des machines

1. https://www.nespresso.com/fr/en/developpement-durable

qui séparent les métaux collectés dans les centres de tri) pour récupérer les capsules et petits objets métalliques jusqu'alors non recyclés. J'avais l'impression de me retrouver devant l'expert en tri de déchets de l'ADEME et j'étais séduit, car parmi tous les sujets qu'il devait traiter, il avait décidé de s'engager en profondeur sur cet enjeu fondamental.

« Normal ! » me direz-vous, cette capsule est un véritable caillou dans la chaussure pour Nespresso, stigmatisé sur le sujet du suremballage. Oui. Mais là où certains auraient tenté de glisser le problème sous le tapis, des personnes comme Arnaud Deschamps et son équipe en ont fait un cheval de bataille, pour tenter d'apporter un maximum de solutions afin de faciliter et d'encourager le recyclage. Aujourd'hui, la capacité est au-dessus de 80 %, mais le recyclage effectif autour de 20 %. La balle est donc aussi dans le camp des consommateurs. Il ne s'agit pas de les stigmatiser, mais d'encourager le recyclage et d'expliquer que s'il est réalisé, l'aluminium pourra être réutilisé à l'infini. Par ailleurs, en analysant les ACV (Analyses de Cycle de Vie) des différentes manières de servir une tasse de café, on se rend compte que le système Nespresso est finalement assez bien placé. Comme il permet de mettre moins de café par tasse, grâce à la capsule, et de ne chauffer que la quantité d'eau nécessaire à celle-ci, son empreinte se situe autour de 94 g d'équivalent CO_2 (et encore moins si la capsule est recyclée, bien sûr), là où un café filtre peut atteindre 120 g. La Bodum et la cafetière à l'italienne sont mieux placées – environ 80 grammes – ainsi que le café instantané, façon de faire un café la moins émettrice mais loin d'être la plus savoureuse.

Sans rentrer dans plus de détails, Nespresso a bien identifié où était sa principale responsabilité. La première réponse à apporter est sur la question des capsules. En y consacrant ses efforts, la marque peut à présent faire valoir aussi tous les chantiers entamés au sein de ses filières, pour certains depuis 10 ans, comme le programme AAA d'accompagnement des producteurs dans des pratiques plus qualitatives, durables et productives.

Dans la continuité de ce programme à long terme, Nespresso a donc décidé d'investir 500 millions de francs suisses dans l'amélioration des pratiques agricoles des producteurs de café, la mise en place d'un système de retraites et de gestion de l'eau en Colombie, le développement d'une filière café au Sud-Soudan et un large programme agroforestier de 10 millions d'arbres plantés dans et autour des champs de café, tout cela – investissement et applications – d'ici 2020.

Avec ce genre d'engagement, nous sommes bien loin du mécénat ou du geste symbolique. Si Nespresso investit autant dans différents enjeux socio-environnementaux, c'est évidemment parce que c'est important pour la marque et ses consommateurs, mais aussi parce que cela va renforcer les filières, les quantités et la qualité du café produit, et participer à sécuriser la croissance de l'entreprise sur la durée.

Les engagements des entreprises sont de plus en plus significatifs et disposés au cœur des marques, des stratégies et des filières. Cela raconte un changement culturel. Et, bien qu'encore limité à un nombre d'entreprises très restreint – moins de 1 % des entreprises dans le monde sont réellement engagées, peut-être même uniquement 0,1 % – les engagements de ce type sont des signes forts du basculement des entreprises de la prise de conscience à la prise de responsabilités, d'une manière conséquente. C'est un début et il faut l'encourager.

Peut-on être une entreprise responsable sans être entrepreneur social ?

Le modèle idéal est l'entrepreneuriat social à mon sens. Celui qui crée une activité économique viable pour répondre à des besoins sociaux et environnementaux. Son fondement, son produit, son service c'est le changement de monde. Mais nous ne sommes pas forcément tous inspirés par un projet d'entrepreneuriat social. Même si l'on choisit d'entreprendre dans une activité à la base conventionnelle, il est toujours possible d'intégrer une dimension d'engagement sociétal très fort. C'est ce qu'on appelle l'entrepreneuriat responsable. En France, les modèles dans ce sens sont des personnes comme François Lemarchand (le fondateur de Nature et Découvertes[1]), Christian Courtin Clarins (patron de Clarins[2]), Bernard Chevillat (fondateur de Melvita[3]), Olivier Baussan (fondateur de L'Occitane[4]) ou Charles Kloboukoff (fondateur de Léa Nature[5]), et bien d'autres.

Ils ont développé ces entreprises en les gardant toujours fortement liées à des engagements et des valeurs pour la société, les leurs en premier lieu, car ils entreprennent avant tout pour un projet et veulent partager bien plus que des produits. Ce sont des entrepreneurs, donc centrés sur l'action, généralement détachés des contingences, des créateurs, des amoureux de l'Homme et de la nature.

Et avoir un patron engagé n'est pas réservé aux PME, ce n'est pas une question de taille d'entreprise, mais plutôt d'esprit des dirigeants et de gouvernance. À la tête de Clarins, Christian Courtin-Clarins[6] a, par exemple, un profil très intéressant : il dirige un groupe cosmétique dont les ventes sont passées de 800 millions d'euros en 2003 à 1,5 milliard d'euros en 2013 à

---

1. http://www.natureetdecouvertes.com/progres-durable/developpement-durable
2. http://www.clarins.fr/la-marque-engagement-responsabilite/rapport-annuel-de-developpement-responsable.html
3. http://ch.melvita.com/melvita-ecologie-environnement-d%C3%A9veloppement-durable-%C3%A9cophiloophie-respect-environnement--,14,2,2538,14552.htm
4. http://fr.loccitane.com/environnement-et-d%C3%A9veloppement-durable,74,1,35462,0.htm
5. http://www.leanature.com/fr/nos-engagements-nature/67/agir_a_travers_la_fondation_lea_nature.html
6. http://www.groupeclarins.com/en/group/leaders/c-courtin-clarins

travers le monde, et ce à partir d'une production française. Des performances exceptionnelles, tout en restant indépendant, et même en se retirant de la bourse, après une courte cotation, pour revenir à une meilleure gouvernance de l'entreprise. Pouvoir être libre et faire ce qui lui paraît juste : voilà ce qui motive cet homme.

Et les rendez-vous avec lui sont des moments d'évasion, dans ses passions et chantiers, ses projets qui vont du siège social HQE (haute qualité environnementale) au financement du projet Solar Impulse (avion solaire), en passant par le prix pour les femmes engagées, celui pour les hommes, etc. Si cela valorise Clarins, tant mieux, mais l'engagement, le leadership, vient du cœur et de la passion du métier. La marque a été créée par Jacques Courtin, le père de Christian et Olivier – son frère, avec qui il dirige l'entreprise – plus orienté sur les sujets de recherche étant lui-même médecin. Ce qu'ils défendent, c'est une certaine vision de la cosmétique, fondée sur des valeurs (familiales) de solidarité et de beauté. Cela ne se décrète pas, cela vient du cœur des dirigeants et il irrigue toute l'entreprise. C'est tellement plus motivant pour les collaborateurs de s'engager pour des projets porteurs de sens, utiles pour la société. Et les évaluations de performance incluent un volet sur les engagements et réalisations dans le domaine de la durabilité.

Il est plus aisé de prendre des engagements responsables et de long terme quand le capital est familial ou détenu par un actionnariat stable, et l'exemple de Clarins l'illustre bien. La pression du court terme est beaucoup moins forte ; on peut généralement mieux servir le projet d'entreprise. Mais c'est tout aussi respectable pour les patrons de groupes cotés en bourse, quand ils arrivent à asseoir une stratégie durable et de long terme, perçue comme servant aussi la rentabilité et la stabilité du groupe, et valorisant le cours de l'action, car l'entreprise a une excellente performance globale (économique, sociale et environnementale) et a ainsi aussi réduit son risque. C'est le cas de Danone[1], Kering[2] ou Accor par exemple : les patrons, Franck Riboud – et à présent Emmanuel Faber – de Danone et François-Henri Pinault de Kering sont connus tout autant pour leur rôle de chef d'entreprise que leur engagement dans une vision de responsabilité et de durabilité étendue pour leur groupe. Ils investissent dans le social business et les projets climatiques pour l'un, et dans les comptes d'exploitation environnementaux pour toutes ses marques pour l'autre, mobilisant leurs équipes et ressources pour nourrir ces nouveaux modèles. Ces entreprises sont par ailleurs rentables et valorisées aux yeux du public. Ceci conforte l'idée que leur engagement participe à créer de la valeur de marque, une valeur sociétale forte.

Ces entrepreneurs responsables ne sont pas exemplaires. Ils ont aussi contribué au modèle destructeur qui nous a amené aux enjeux d'aujourd'hui. Mais ils sont également visionnaires et déterminés à faire leur part. Ils constituent avec les entrepreneurs sociaux, les environnementalistes, les ONG, scientifiques, et le public engagé, la grande famille du développement durable, la constellation d'opérateurs investis dans la création d'une nouvelle culture de société. Une joyeuse troupe en mutation, malgré la gravité des enjeux, car nous sommes dans l'action, donc déjà au stade suivant. J'aime ce côté tribu d'expérimentateurs de tout type, avec ses profils très variés et complémentaires. On le ressent lors de grandes réunions comme Les Ateliers de la Terre[3], Le LH Forum[4], Les Universités de la Terre[5] ou La Cité de la Réussite[6]..., où le panorama des

1. http://www.danone.com/fr/pour-tous/mission-strategie/notre-strategie/une-chaine-dalimentation-durable/
2. http://www.kering.com/fr/dev-durable
3. http://www.globalconference2015.org/fr
4. http://positiveeconomy.co/
5. https://www.facebook.com/UnivTerre
6. http://www.citedelareussite.com/

acteurs est présenté. La diversité des initiatives est exposée tant au sein de grands groupes qu'à travers des entrepreneurs sociaux et les ONG. Ces dernières sont indispensables, elles constituent le fondement de la plupart des approches. Ces forums réunissent aussi des scientifiques et des acteurs lambdas du développement durable. Tous donnent espoir et font comprendre que c'est par la multiplication de ces inspirations et aspirations, ainsi que par l'entraide, que nous construirons une société plus durable. Rien n'est simple, chacun défend sa vision, mais on avance.

L'ESPOIR INSUFFLÉ PAR UNE AUTRE ÉCONOMIE RÉCONCILIÉE AVEC LA NATURE

Les voies d'engagement sont multiples et sont autant d'opportunités de valorisation des filières et des marques qui les distribuent. La crise économique et socio-environnementale est ainsi une opportunité de création et d'innovation. C'est l'occasion de dépasser les contradictions actuelles non pas en s'offusquant, mais plutôt en agissant, au bénéfice de tous.

Des start-ups à dimension sociétale font bouger les lignes dans tous les domaines

Il existe ainsi une galaxie de visions et d'outils dans de multiples domaines pour se réconcilier avec la nature : finance, industrie, énergie, distribution, services… Et la bonne nouvelle, c'est que ce secteur de l'innovation socio-environnementale est en pleine effervescence. Il est particulièrement dynamique en terme de création d'entreprises, c'est ce qu'on appelle le mouvement de l'entrepreneuriat social. De plus en plus de personnes, en particulier des jeunes, voire très jeunes – moins de 25 ans – se lancent dans la création de sociétés, associations ou coopératives dont l'objet est l'innovation socio-environnementale: ils développent un modèle économique qui leur permet de vivre et de faire vivre leur équipe, et qui délivre par ailleurs un service à la société, un service social, environnemental ou culturel.

Au bout de 3 à 5 ans, la plupart arrivent à trouver un modèle qui fonctionne et même, dans certains cas, qui explose en termes de développement, car leur innovation répond à de vrais besoins. Prenons par exemple blablacar.com[1] (anciennement covoiturage.fr): cette start-up à vocation environnementale et relationnelle (forte valorisation de la création de lien humain et de convivialité via le covoiturage) est en train de se développer dans de multiples pays, après avoir levé plus de 100 millions d'euros pour soutenir sa croissance. En France ils concurrencent directement la SNCF, qui tente du coup de proposer une offre alternative. Qui aurait parié sur ce modèle il y a 10 ans, voire même 5 ans? Les technologies de l'information, l'ultra-connectivité permettent une redistribution des cartes au profit d'opérateurs innovants, misant sur de nouveaux modèles économiques, collaboratifs, solidaires, plus performants que les acteurs en présence.

Notre culture est en mutation dans de multiples domaines. Nous faisons bouger les lignes, et parfois très rapidement. Ce fort phénomène d'accélération, je le vois très clairement depuis 1998, date de mon premier engagement avec Alter Eco où ces sujets n'existaient pas encore ou étaient confinés à des réseaux d'experts ou de militants.

Dans la finance, le microcrédit a connu un essor considérable au niveau mondial, en particulier grâce à des figures comme la Grameen Bank[2] de Muhammad Yunus. Plus récemment, le crowd-

1. https://www.blablacar.com/
2. http://www.grameen-info.org/

funding – avec des structures comme Kiva[1], KisskissBankBank[2] ou Blue Bees[3] – ouvre de nouvelles perspectives de financement direct, du public vers des porteurs de projet innovants. Ces deux outils décloisonnent le monde de la finance et visent à donner accès à des financements sous diverses formes (dons, prêts, échanges…) à des personnes pour qui c'était soit très difficile soit impossible, qu'il s'agisse de personnes dans le besoin concernant le microcrédit ou d'entrepreneurs sociaux pour le crowdfunding. Si ces plateformes de financement participatif ne sont pas toutes sensibles aux projets à impacts environnementaux et sociétaux, une grande partie d'entre elles s'orientent ou se spécialisent dans le financement de projets soutenables. Il s'agit d'orienter des fonds vers une utilité environnementale, sociale ou sociétale.

Même dans l'industrie lourde, il arrive que l'on recherche – et parfois, trouve – une vision écosystémique, en valorisant des flux d'énergie ou de déchets dont on fait profiter une autre industrie ou une commune quant à ses besoins domestiques. C'est ce que l'on appelle l'écologie industrielle. À titre d'exemple, la déchetterie du Siom des Ulis (Essonne, France) fait circuler la chaleur produite par son activité dans des conduits disposés parallèlement aux canalisations de chauffage et d'eau de la ville, produisant ainsi un réseau de chaleur par « sympathie ». De même, dans le traitement des eaux usées, la phytoremédiation est en plein développement : on redécouvre que certaines plantes sont d'excellents agents dépollueurs, gratuitement.

L'énergie est certainement, en valeur absolue, le domaine dans lequel on a le plus investi pour accompagner la transition, avec les énergies renouvelables : solaire, éolien, hydraulique, géothermie… nous pouvons nous en féliciter. Mais face au poids

1. http://www.kiva.org/home
2. http://www.kisskissbankbank.com/en
3. https://bluebees.fr/fr/

global de l'énergie d'origine fossile – 89 % de l'énergie mondiale utilisée en 2014[1] –, nous sommes très loin du compte pour réduire et rééquilibrer notre empreinte climatique. Dans ce domaine, il faut non seulement investir plus, mais aussi lutter contre les puissants lobbies du pétrole et du nucléaire. Il faut réorienter tous les budgets de recherche et d'investissement en infrastructures énergétiques vers les énergies renouvelables. Mais, pour un secteur aussi verrouillé, virer de bord aussi radicalement parait très compliqué et cela nécessite une très forte mobilisation de l'opinion publique et des politiques. Et mobiliser l'opinion publique sur les questions énergétiques et climatiques, ce n'est pas forcément évident. C'est donc les politiques qu'il faut influencer, pour taxer beaucoup plus l'énergie, beaucoup moins le travail, et investir dans les innovations socio-environnementales.

Les modes de vie se rénovent peu à peu, en profondeur

Dans la santé, on assiste à un déploiement de la phytothérapie, des médecines traditionnelles et des pratiques comme le yoga ou la mindfulness (méditation de pleine conscience), audelà de cercles d'initiés. Ces produits et pratiques deviennent grand public et sont adoptés de plus en plus largement, tant à titre privé que dans les entreprises. S'il est certes possible de ne manger que des pâtes ou du riz et de se gaver de médicaments pour pallier aux carences et maladies, on réapprend aussi qu'il est plus judicieux d'avoir une approche holistique de sa santé, en y intégrant comme fondement une alimentation équilibrée, une pratique sportive et méditative et un régime de plantes régénératrices et protectrices.

Dans la distribution, le développement des circuits courts,

1. Source: US Energy Information Administration.

des produits de microfilières et de microcafés qui distribuent en direct le produit d'un seul ou quelques fermiers, me paraît vraiment intéressant à titre de nouveau modèle. Dans ce domaine, l'entrepreneuriat social associé aux technologies de l'information a un énorme potentiel, pour distribuer des produits et services de producteurs à consommateurs, ou entre les consommateurs entre eux.

Plus largement, nous allons de plus en plus assister à la dématérialisation des relations commerciales et même passer de la consommation de produits à la consommation de services. Voilà une chance pour décarbonner notre économie, en mutualisant les biens matériels pour ne faire que louer les services quand nous en avons besoin. Les succès mondiaux d'initiatives comme le Velib, l'Autolib ou les systèmes de partage de voitures ou de transport de personnes avec Uber en témoignent.

Une société de consommation idéale, c'est une société qui ne consomme pas de produits, ou juste le minimum, et qui concentre l'investissement sur la création de services collectifs qui répondent aux besoins de la collectivité tout en réduisant au maximum son impact. Ces services sont par ailleurs générateurs d'emplois et à forte valeur ajoutée. Ceci garantit la pérennité de la société de consommation, tant du point de vue des ressources que de la demande. Aujourd'hui, nous sommes toujours dans un modèle inverse.

Le secteur des innovations durables foisonne d'idées et d'initiatives chaque jour un peu plus abouties, modernes, et apporteuses de solutions. Quand le public s'y reconnaît parce que le message et la proposition répondent à une vraie demande, les modèles décollent et ils sont imités, pour créer ainsi de nouveaux secteurs d'activités.

Certes, ces derniers restent pour l'instant à des niveaux limités, comme l'agriculture biologique ou le commerce équitable dans la distribution, ou la microfinance au niveau-bancaire par exemple. Mais ces nouveaux marchés sont voués à continuer à se développer très significativement dans les années à venir, avec la prise de conscience croissante des enjeux, et d'autant plus quand ceux-ci nous rattrapent et menacent directement notre quotidien.

On peut ainsi s'intéresser à de multiples sujets sur différents fronts, tous convergeant vers un même objectif, une nouvelle culture de société: la biodiversité, renouveler les ressources utilisées, encourager le passage d'une utilisation de ressources et d'énergie non renouvelable à renouvelable, réduire l'utilisation d'intrants, de packaging, le poids des transports, l'empreinte carbone, mettre en place une relation de commerce équitable, mobiliser les collaborateurs, les médias, le public pour agir au niveau des pratiques globales de production et de consommation, etc. Au fur et à mesure que l'on s'engage, on découvre de nouvelles problématiques et interdépendances, qui sont autant de sources de motivation et d'opportunités d'entreprendre utile.

Réintégrer l'économie dans la nature, autant d'opportunités de création de valeurs et d'emplois

Ces mouvements sociologiques et culturels, de même que les entrepreneurs sociaux, sont ainsi le vecteur d'une nouvelle économie. On l'appelle l'économie bleue[1], ou l'économie positive, créatrice de croissance vertueuse et réintégrée au cœur du caractère cyclique de la nature. Qu'elle soit sociale ou environnementale, elle forme un ensemble au service de l'Homme et de son écosystème. Il s'agit là de bien identifier que les

1. Théorie développée par l'entrepreneur belge Gunter Pauli. http://theblueeconomy.org/Home_Fr.html

enjeux socio-environnementaux génèrent déjà ou peuvent donner naissance à de multiples services, créateurs d'emplois et de richesse. Il est nécessaire d'orienter la création de valeur au maximum vers ces enjeux.

Le développement durable est ainsi le premier gisement d'emplois au niveau mondial, et le seul remède (durable) à la crise multiforme à laquelle nous sommes confrontés. Le vieux modèle de la croissance ne repartira pas, il nous faut des innovations de rupture, créatrices de vraies richesses et de valeurs. Ces initiatives peuvent parfois paraître anecdotiques, mais il faut aussi savoir être patient : tous nos systèmes de production, de consommation et de pensée ne peuvent pas changer en une génération. Le changement paraît lui inéluctable et sans retour : c'est tant mieux. Car nous sommes condamnés à nous réconcilier avec la nature ; dans le cas contraire, ces enjeux continueront de nous rattraper, de plus en plus fortement, et les solutions à mettre en place seront de plus en plus onéreuses.

Nous avons tellement détruit notre écosystème, que rétablir ses services au bénéfice de l'Homme va constituer un gisement de création de valeurs sans précédent. Cela pourrait devenir, dans les 20 prochaines années, un des secteurs à la plus forte croissance, et qui égalerait celui des technologies de l'information. Changer le monde est ainsi une des plus formidables opportunités de créer de la valeur partagée et de redévelopper nos économies suivant des modèles plus sains et plus performants.

Conclusion

POUR NE PAS CONCLURE

> *«C'est justement la possibilité de réaliser un rêve qui rend la vie intéressante» Santiago, Berger, dans L'Alchimiste de Paolo Coelho.*

Alors, remonter dans l'arbre, pourquoi? N'est-ce pas tout simplement pour donner un vrai sens à sa vie et être heureux? Être plus humain en se reconnectant au végétal et plus largement au vivant?

Et après avoir fait de multiples fois le tour du monde pour développer des projets socio-environnementaux, j'en reviens à quoi? À ma vie personnelle, au bonheur simple, à cultiver mon jardin, et la dimension intérieure de ma vie. C'est là qu'est la vraie valeur des choses.

Cela me rappelle le livre *l'Alchimiste* de Paolo Coelho, qui traite de trouver sa «légende personnelle»: «si vous écoutez votre cœur, vous savez précisément ce que vous avez à faire sur Terre. Enfant, nous avons tous su. Mais parce que nous avons peur d'être désappointés, peur de ne pas réussir à réaliser notre rêve, nous n'écoutons plus notre cœur. Cela dit, il est normal de nous éloigner à un moment ou à un autre de notre "Légende personnelle". Ce n'est pas grave, car, à plusieurs reprises, la vie nous donne la possibilité de recoller à cette trajectoire idéale[1] ».

Mon rêve d'enfant était de devenir pompier ou Zorro, je crois que je suis sur la bonne voie. Pompier (ou plutôt petit plombier) face au dérèglement climatique et la déforestation, grâce à l'agroforesterie. Et depuis le départ que ce soit avec Alter Eco et Pur Projet, le développement de nos activités, toujours en partenariat avec des petits producteurs agricoles, c'est le côté Zorro. Un article de Télérama avait titré à mon sujet: «le Zorro des rizières»[2], cela m'avait replongé dans mon enfance et mes rêves de gosse. Et je suis certain que ces aspirations sont partagées par plus de 90 % des petits garçons et des petites filles sur Terre. Tous rêvent au moins une fois d'être pompiers, Zorro, infirmières ou fées, mais n'entrons pas dans la question du genre. Nous avons tous en nous ces gênes de vouloir faire la différence, sauver des vies, et le monde. Nous avons le sentiment profondément ancré en nous que c'est la condition de notre bonheur et nous avons cette évidence en nous depuis notre plus tendre enfance... Revenons à ces bases. Remonter dans l'arbre c'est donc aussi puiser dans ses racines, dans la Terre, l'humus qui nous nourrit, notre véritable identité.

Le point final de *L'Alchimiste* est que Santiago, après avoir fait le tour du monde à la poursuite de son trésor, de sa légende personnelle, trouve finalement ce trésor, la sagesse et son accomplissement près de sa bergerie, la ou il avait démarré son périple, auprès d'un arbre, un sycomore, non loin d'une église abandonnée. Il y a tout dans ces symboles. Santiago se retrouve pleinement lui-même à cet endroit, ouvert sur le

1. *L'Alchimiste*, Paulo Coehlo Éditions Anne Carrière, 1994
2. http://television.telerama.fr/television/tristan-lecomte-le-zorro-des-rizieres,83251.php

monde, mais ancré dans sa réalité locale et intérieure. Il creuse au pied de son arbre et découvre son trésor.

Il n'est pas étonnant que ce livre ait eu tant de succès, il décrit très bien nos aspirations entre la recherche d'une quête personnelle, nos voyages lointains et un retour sur soi.

Nous allons très certainement devenir locavores[1] de tous les produits et services à terme. Après avoir été dans l'ultra communication et les déplacements à tout va, je pense que nous allons assister, par goût de société, mais aussi peut-être par obligation, à un retour à une certaine forme d'immobilisme, tout comme l'arbre dans lequel nous serons remontés.

Un retour chez soi, propice à un retour sur soi. Se contenter de peu et être d'autant plus heureux de cet immobilisme et des plaisirs simples, à notre disposition dans notre écosystème. Par ailleurs, ce retour à son écosystème est nécessaire pour en prendre soin, car on voit mieux qu'on en dépend directement pour vivre.

La course à l'ultra consommation de voyages que ce soit dans un objectif personnel ou professionnel va devenir « has been », comme porter un manteau de fourrure, rouler en 4×4 en ville ou manger du caviar. C'est fini, c'est mort tout cela. Progressivement, tous ces actes de consommation non soutenables d'un point de vue socio-environnemental vont devenir complètement dépassés, ringards. En commençant par les plus insoutenables : la chasse aux grands fauves par exemple, pourtant encore pratiquée, puis à terme les week-ends avec 2 000 km de trajet en avion.

Fondamentalement, remonter dans l'arbre c'est aussi se préparer à retourner à la Terre, pour nourrir cet arbre, se préparer à la mort.

---

1. https://en.wikipedia.org/wiki/Local_food#Locavore_and_invasivore

Cela me rappelle une nuit chamanique en Amazonie, en pleine forêt, ou j'étais littéralement écrasé au sol, de tout mon long, aplati par la puissance bienveillante, accueillante et non duale de la nature. D'où je viens? Un petit garçon qui veut écouter son cœur et je me rappelais cette phrase du Petit Prince: «Personne ne peut fuir son cœur, c'est pourquoi il vaut mieux écouter ce qu'il dit…». Et où je vais? Quel est l'objectif de ma vie? La réponse était «devenir un bon engrais bio pour le jour où je vais retourner à la Terre», le jour où il faudra accepter de retomber de l'arbre, comme les feuilles, pour créer l'humus qui nourrira les prochaines générations. Voilà donc mon objectif de vie clairement tracé: devenir un bon engrais bio pour la Terre, ce qui signifie purifier son intention, ses actes jusqu'à son alimentation et ses modes de vie. Epurer, pour ne pas amener dans le sol tous ces déchets que la nature ne peut recycler. Plus globalement, c'est l'enjeu de la réduction de notre empreinte, de notre réconciliation avec les lois de la nature, pour notre plus grand bonheur bien évidemment.

Avoir un tel objectif de vie, permet de moins se mettre la pression, d'être plus en lâcher-prise, vivre en roue libre, car nous avons bien conscience de cette totale impermanence, ce cycle de la nature qui nous digère. Et avant de retourner à la Terre, contempler les étoiles, croire en nos rêves et s'engager pour les réaliser.

Dans l'entrepreneuriat social, je suis toujours émerveillé de la multitude d'opportunités qui se dessinent chaque jour. Nous sommes tellement interrogés et sollicités pour travailler sur des nouveaux modèles et nouveaux projets. Chacun d'entre eux pourrait devenir une entreprise ou une association voire même un nouveau secteur d'activité. Dans tous les domaines de la communication, la finance à l'agriculture, en passant par l'énergie, les transports, tout est à réinventer. Tellement d'opportunités. Avec tous les projets que nous avons je me demande souvent comment on va pouvoir tout faire, à si peu et en si peu de temps à vivre. Donc n'attendons pas. Rêvons et réalisons nos rêves.

> Tu deviens responsable pour toujours de ce que tu as apprivoisé.
> *Le Petit Prince*, Antoine de St Exupery

Bonne route à tous, sur les voies de l'entrepreneuriat utile sous toutes ses formes. Pour ceux qui ne sont pas encore engagés, foncez, croyez en vous et n'abandonnez jamais : vous ne le regretterez pas. Et pour ceux qui le sont déjà : profitons bien de notre plaisir, battons-nous collectivement, ensemble, et investissons notre énergie sur l'action. La nature fera le reste.

HOMMAGE

Au niveau mondial, nombreux sont ceux qui ont percé avec leurs innovations sociales ou environnementales, tels que Muhammad Yunnus[1] ou Wangari Maathai[2], rejoignant ceux qui étaient déjà bien installés et ont choisi de mettre leur renommée et réseau au service de causes, de Bill Clinton[3] à Melinda et Bill Gates[4], ainsi que des activistes et lanceurs d'alertes comme Vandana Shiva[5] ou Edouard Snowden, Julian Assange[6], Jose Bové[7], Paul Watson[8], et avec des déclinaisons dans chaque pays et chaque secteur, aux niveaux nationaux.

En France, les figures de cette nouvelle culture de société, sont des personnes allant de Pierre Rabhi à Yann Arthus Bertrand[9], en passant par Nicolas Hulot[10] et une galaxie d'autres personnes, entrepreneurs-couples responsables comme Françoise et François Lemarchand[11] (Nature & Découvertes) ou Mathilde et Bertrand Thomas [12] (Caudalie). Des entrepreneurs sociaux comme Maximilien Rouer [13] (Be citizen.com) ou Arnaud Ventura[14] (Planet Finance), des scientifiques comme Claude et Lydia Bourguignon[15] (microbiologistes des

1. http://muhammadyunus.org/
2. http://www.greenbeltmovement.org/wangari-maathai
3. https://www.clintonfoundation.org/
4. http://www.gatesfoundation.org/
5. http://www.navdanya.org/
6. https://www.wikileaks.org/index.en.html
7. http://jose-bove.eu/?lang=fr
8. http://www.seashepherd.org/who-we-are/captain-paul-watson.html
9. http://www.goodplanet.org/
10. http://www.fondation-nicolas-hulot.org/
11. http://www.fondation-natureetdecouvertes.com/edito-francois-lemarchand
12. http://fr.caudalie.com/cosm-ethique/une-marque-engagee.html
13. http://www.greenflex.com/metier/consulting/
14. http://www.planetfinance.org/
15. http://www.lams-21.com/artc/1/fr/

sols), des lobbyistes comme Claire Nouvian[1] (Bloom). Tous secteurs confondus, on innove. Le monde du *social business* est en marche, à un niveau micro et jusque dans des start-up déjà très significatives, comme BlaBlaCar.com[2] ou Kiva.org[3], atteignant des millions de personnes, en particulier grâce aux technologies de l'information. Elles sont dans la continuité des mouvements associatifs, des ONG qui ont lancé l'altermondialisme et plus largement un mouvement globalisé de solidarité internationale et d'action environnementale. Des figures allant de Greenpeace[4] au WWF[5], en passant par Human Rights Watch[6], Amnesty[7], MSF[8] (Médecins sans frontieres), Sea Shepherd[9] ou Handicap International[10] constituent les fondements de l'action citoyenne globalisée, l'entrepreneuriat social venant complémenter ces institutions avec des nouveaux modèles d'action.

Les artistes ne sont pas en reste, avec des figures internationales des plus prestigieuses, engagées dans des actions ciblées, très ambitieuses, où ils savent jouer de leur pouvoir d'influence pour mobiliser l'attention internationale sur une cause et la faire financer massivement : je pense à George Clooney, Brad Pitt et Matt Damon avec Not on our Watch[11] ou Leonardo Di Caprio avec sa fondation[12] et, en France, Marion Cotillard,

1. http://www.bloomassociation.org/
2. https://www.blablacar.com/
3. http://www.kiva.org/
4. http://www.greenpeace.org/france/fr/
5. http://www.wwf.fr/
6. https://www.hrw.org/fr
7. https://www.amnesty.org/en/
8. http://www.msf.org/
9. http://www.seashepherd.org/
10. http://www.handicap-international.fr/
11. http://notonourwatchproject.org/who_we_are
12. http://leonardodicaprio.com/

Luc Jacquet[1], Mélanie Laurent[2], ou encore l'immortel Coluche[3]. Leur participation est fondamentale, étant par leur talent et médiatisation, en mesure d'influencer fortement les attitudes de société et ainsi les modes de consommation.

Merci à eux d'avoir choisi de remonter dans l'arbre.

1. http://www.wild-touch.org/
2. https://www.facebook.com/demain.lefilm
3. http://www.restosducoeur.org/

Partie VII

Je remonte dans l'arbre,

À remplir par soi-même.

Annexes

MANIFESTE POUR L'ARBRE[1],

Accompagner la transition agricole et régénérer nos écosystèmes

Objectifs :

- Réduire l'empreinte et le coût (économique, social et environnemental) de l'agriculture intensive et mono culturelle.
- Augmenter la productivité agricole et les rendements par la régénération des écosystèmes agricoles.

Moyens :

- L'agroécologie, c'est-à-dire l'ensemble des pratiques agricoles naturelles qui permettent d'augmenter la production agricole par la régénération de l'écosystème : agroforesterie, permaculture, agriculture biologique intégrée, agriculture naturelle (Fukuoka), ...
- Orienter la science vers l'observation du vivant et le biomimétisme, pour à nouveau travailler avec la nature et en tirer le meilleur, plutôt que la contraindre et la doper artificiellement, avec tous les dommages collatéraux que nous connaissons actuellement.

Action à mener en priorité :

- Régénérer les écosystèmes agricoles via l'agroforesterie en premier lieu et les techniques agroécologiques

1. Manifeste fondateur de Pur Projet

complémentaires (paillage, compost, agriculture intégrée et naturelle, permaculture...).
L'agroforesterie consiste à planter des arbres autour et au sein des champs agricoles.

Quels bénéfices?

Planter des arbres dans les milieux agricoles représente de multiples bénéfices (Pur Projet en a listé plus de 100!). En effet, les arbres enrichissent les sols, réduisent les phénomènes d'érosion, collaborent avec les cultures agricoles (production d'engrais verts, fixation de l'azote dans le sol...), participent à la préservation de la biodiversité, servent d'abris aux insectes pollinisateurs, améliorent le cycle de l'eau et maintiennent les sols plus humides, captent du CO_2, diversifient les revenus des agriculteurs, participent à la création d'un patrimoine à long terme pour ceux-ci, participent à la beauté du paysage, produisent du bois, de la biomasse, des fruits et médecines...

L'arbre est ainsi le meilleur investissement qui existe aujourd'hui sur Terre: le coût de plantation est de quelques euros, le temps de plantation de quelques minutes, puis l'arbre va rendre de multiples services écosystémiques gratuits pendant 50 à 100 ans, sans rien demander en retour. L'arbre est frugal et généreux, il est l'outil le plus efficace pour faire face à la faillite du modèle agricole intensif à laquelle nous sommes confrontés partout dans le monde.

L'agroforesterie a déjà prouvé son efficacité en augmentant les revenus nets disponibles des agriculteurs de plus de 40 % en Europe, et en les multipliant par 2 à 3 dans les pays tropicaux. À n'en pas douter, l'agroforesterie et l'agroécologie sont les outils privilégiés de la transition agricole tant pour les agriculteurs que pour les écosystèmes agricoles.

L'agriculture sera agroforestière et agroécologique ou ne sera pas.

LES 100 BÉNÉFICES DE L'ARBRE

L'arbre et la terre

L'arbre emprisonne le carbone et le transforme en bois.

Planter un arbre a un impact sur le changement climatique au niveau local et global.

L'arbre donne à la terre son odeur: l'humus qu'il génère a un parfum qui apaise et donne confiance, ce qu'aucun engrais chimique ne procurera jamais.

L'arbre apporte au sol l'azote dont les autres plantes ont besoin pour pousser.

Les feuilles qui tombent de l'arbre et les branches mortes alimentent un compost continu qui autorégénère le milieu.

L'arbre joue un rôle majeur dans les cycles naturels et organiques.

L'arbre régénère les sols improductifs et épuisés.

L'arbre absorbe le nitrate et rééquilibre les sols.

L'arbre limite la surexploitation et l'épuisement des sols.

L'arbre est l'épiderme de la terre, il la protège.

L'arbre régule les changements climatiques.

L'arbre joue un rôle crucial dans la macroporosité du sol, en raison de la présence des racines et de l'enherbement à son pied.

Les racines de l'arbre retiennent la terre et empêchent l'érosion.

L'arbre relie la terre au ciel, des racines à sa canopée.

L'arbre et l'eau

L'arbre augmente la capacité du sol à stocker l'eau.

L'arbre participe à la régulation des précipitations et à l'écoulement régulier des eaux de pluie.

L'arbre limite les risques d'inondation.

L'arbre crée les nuages: l'évapotranspiration de son feuillage charge l'atmosphère d'humidité.

L'arbre participe à la préservation des ressources en eau de la planète.

L'arbre améliore la qualité de l'eau qui est filtrée dans son sous-sol.

L'arbre et la faune

Sous les pieds d'un arbre tout un monde s'épanouit: bactéries et champignons forment avec les vers, les insectes, les arachnides, les crustacés, les mollusques, les reptiles, les batraciens et les petits mammifères, la grande famille de l'arbre.

L'arbre permet aux oiseaux de nicher.

L'arbre fait partie de la chaîne alimentaire: la feuille est mangée par la chenille qui est mangée par l'oiseau, qui est mangé par le renard.

L'arbre permet à l'ours de se gratter le dos.

L'arbre est un havre de paix pour les espèces endémiques et en voie de disparition: tigre de Sumatra, panda géant, bonobo du Congo, jaguar d'Amazonie, lynx pardelle, koala d'Australie... Tous vivent dans les forêts.

L'arbre contribue à la pollinisation des cultures en abritant les essaims d'abeilles.

Les bénéfices sociétaux

L'arbre favorise la diversification des revenus des agriculteurs.

Avec les arbres, le revenu d'un agriculteur peut tripler.

Pour beaucoup de petits paysans, posséder des arbres constitue une sorte de plan retraite.

Avec les arbres, les exploitants et les communautés diversifient leurs ressources.

L'arbre renforce la cohésion des communautés locales.

L'arbre permet aux communautés locales de vivre décemment et de conserver leurs cultures et leurs traditions.

L'arbre contribue à la souveraineté alimentaire des populations locales.

L'arbre est le premier soutien des communautés exclues des échanges et désavantagées.

L'arbre diversifie les ressources alimentaires des communautés locales.

L'arbre porte l'identité d'une région, d'un groupe, d'un pays : baobab, cocotier, caféier, pommier, sapin, platane, eucalyptus, banyan...

L'arbre est un individu et une colonie ; il est immortel.

Une plus-value économique

L'arbre protège les cultures des intempéries.

L'arbre sert de brise-vent.

L'arbre garantit la fertilité de la terre et rend son exploitation pérenne à long terme.

Les parcelles de cacao en agroforesterie produisent deux tonnes à l'hectare, soit cinq fois plus que la moyenne des fermes utilisant des engrais et des pesticides chimiques.

L'arbre favorise le tourisme vert et le maintien de paysages naturels favorables aux activités de loisir.

L'arbre est énergie

Les récoltes plantées au pied d'un arbre sont de meilleure qualité.

L'arbre favorise le pastoralisme en offrant un herbage de qualité aux bêtes : le lait des vaches et des brebis est meilleur à l'ombre de son feuillage, le cuir plus tendre.

L'arbre arrivé à maturité est une source de bois de coupe.

L'agroforesterie améliore de 38 % en moyenne profits et rendements des exploitations.

L'agroforesterie contribue au maintien d'un patrimoine culinaire (porcs noirs gascons, poulets fermiers...)

L'agroforesterie participe à la relocalisation des productions et à l'exploitation de nouveaux produits issus des haies et des sous-bois.

L'arbre a le meilleur retour sur investissement possible à l'heure actuelle: qui d'autre produit sans discontinuer pendant toute sa vie et prodigue des services secondaires de qualité (ombre, hamac, balançoire) sans demander le moindre dédommagement?

L'arbre et l'entreprise

En plantant des arbres, l'entreprise prend en considération l'avenir de la planète et de l'humanité.

Planter des arbres parle au cœur des employés d'une entreprise.

Planter des arbres offre aux entreprises la dose nécessaire de poésie.

En plantant des arbres, l'entreprise enrichit son propre écosystème et assure sa prospérité future.

Planter des arbres renforce la *Supply Chain* des entreprises en sécurisant leurs ressources et les relations avec leurs partenaires.

En plantant des arbres, les entreprises prennent conscience de leur écosystème, de sa fragilité et de leur interdépendance.

Une entreprise qui plante des arbres inspire confiance.

Planter des arbres contribue à réduire l'empreinte carbone des entreprises.

Les fruits de l'arbre

L'arbre nous offre les vertus régénératrices de ses feuilles et de ses fruits pour nous rendre plus beaux.

L'arbre nous permet d'écrire: sans arbre, pas de cahier.

Les myrtilles, les champignons et les framboises poussent à l'ombre de l'arbre.

L'arbre est omniprésent sur notre table : chocolat, café, amande, olives, abricot, pomme, cerise, prune, tisane, noix...

L'arbre est médecine : abricotier, argousier, bouleau, cognassier, gingko, marronnier, pêcher...

L'arbre nous permet de lire et d'écrire : sans arbre, pas de livres, pas de cahiers !

Sans arbre, pas de liège, pas de bons vins !

L'arbre est omniprésent dans les objets qui nous entourent, il se décline à l'infini : bois, caoutchouc, résine...

L'arbre est fruits, couleurs, parfums.

L'arbre apporte un complément alimentaire pour les élevages de volailles.

L'arbre structure nos maisons et notre mobilier : tableau, chaise, porte, volets...

L'arbre est un médecin : ses feuilles et ses fruits soignent les maux des hommes, son tronc recueille leurs mots.

À Madagascar, l'arbre offre l'eau enfermée sous ses palmes aux voyageurs assoiffés.

Un cadre de vie amélioré

L'arbre est une méditation.

L'arbre offre ses branches aux enfants qui grimpent le long de son tronc et construisent des cabanes. Pour rêver.

L'arbre se laisse contempler par les artistes et leur murmure leur inspiration.

Un arbre, on grimpe dessus, on l'escalade,

L'arbre permet aux hommes d'accrocher des hamacs pour faire la sieste.

L'arbre interrompt la monotonie d'un paysage aplani.

L'arbre nous offre ses fleurs pour sentir bon.

Les moines accrochent des tissus à leur tronc, symbole de leur entier respect.

On accroche des rubans dans ses branches, parce que c'est beau, tout simplement.

L'arbre, c'est le feu.

L'arbre est l'ami des enfants de tout âge, qui viennent y suspendre leur balançoire et leurs cordes.

L'arbre permet aux randonneurs de repérer le fléchage blanc et rouge des chemins de grande randonnée, ou le nord via la mousse qui pousse sur son tronc.

L'arbre est tout simplement beau.

L'arbre permet au chat de grimper pour guetter souris et oiseaux.

L'arbre qui se profile à l'horizon donne de l'espoir à l'homme égaré en plein désert.

L'arbre, tout un symbole

L'arbre porte l'identité d'une communauté (que serait le Canada sans l'érable?).

Planter un arbre pour célébrer la naissance d'un enfant est le plus beau des cadeaux.

On y trouve du gui pour s'embrasser et se porter bonheur le jour de l'An

L'arbre qui se dresse dans le ciel redonne à l'Homme de la dignité.

L'arbre est notre première maison.

L'arbre inspire les contes philosophiques: Paolo Coelho, Jean Giono, Bernard Werber, Terrence Malick, Darren Aronofski,...

L'arbre relie le ciel à la terre; dans de nombreuses civilisations, il est sacré.

L'arbre symbolise la sagesse: le roi Saint-Louis au pied de son chêne rendait la justice, tout comme les anciens des villages africains à l'ombre de l'arbre à palabres.

L'arbre est une métaphore de la vie des hommes : chacun y cherche ses racines, la sève qui coule dans ses veines, la branche sur laquelle il est assis, la pomme de la discorde…

L'arbre structure notre inconscient collectif et notre vision de la famille : il est généalogique.

L'arbre est le témoin des amours naissants : qui n'a jamais gravé un cœur à la pointe du couteau dans l'écorce d'un arbre ?

L'arbre a suscité les plus grandes découvertes et illuminations : Bouddha a atteint l'illumination assis sous un arbre, Newton a découvert la loi de la gravité allongé sous un pommier.

L'arbre nous enseigne la patience.

Bibliographie non exhaustive

La révolution d'un seul brin de paille | Masanobu Fukuoka, Guy Trédaniel éditeur (1975)

L'Agriculture naturelle : théorie et pratique pour une philosophie verte | Masanobu Fukuoka, Guy Trédaniel éditeur (1985)

Un an dans la vie d'une forêt | David G. Haskell, Flammarion (2014)

Du bonheur : un voyage philosophique | Frédéric Lenoir, Fayard (2013)

Permaculture | Charles-Hervé Gruyer, Actes Sud (2014)

Earthforce : manuel de l'éco-guerrier | Paul Watson, Actes Sud (2015)

Le livre noir de l'agriculture | Isabelle Saporta, Fayard (2013)

Agriculteurs à l'ombre des forêts du monde : agroforestiers vernaculaires | Geneviève Michon, Actes Sud (2015)

Tout peut changer | Naomi Klein, Actes Sud (2015)

L'écologie vue du Sud | Mohamed Taled, Sang De La Terre (2014)

Un million de révolutions tranquilles | Bénédicte Manier, Les Liens Qui Libèrent (2012)

Vandana Shiva: pour une désobéissance créatrice | Lionel Astruc, Actes Sud (2014)

Embrasser le ciel et la terre | Andrew Cohen, Éditions du Relié (2002)

Vers un monde sans pauvreté | Muhammad Yunus, Lattes (1997)

Un long chemin vers la liberté | Nelson Mandela, Fayard (1995)

La Terre est un être vivant: L'hypothèse Gaïa | James Lovelock, Flammarion (1999)

Le livre de la vision intégrale: relier épanouissement personnel et développement durable | Ken Wilber, InterEditions (2008)

Healthy Crops: A New Agricultural Revolution | Francis Chaboussou, the Gaia Foundation (2004)

Tous les hommes sont frères | Mahatma Gandhi, Gallimard (1969)

Fair Trade for All - How Trade Can Promote Development | Joseph E. Stiglitz & Andrew Charlton, Hardcover (2006)

Nourrir la planète. Pour une révolution doublement verte | Michel Griffon, Odile Jacob (2006)

Le monde selon Monsanto: De la dioxine aux OGM, une multinationale qui vous veut du bien | Marie-Monique Robin, La Découverte (2009)

Nature et spiritualité | Jean-Marie Pelt, Fayard (2008)

Histoire des agricultures du monde: Du néolithique à la crise contemporaine | Marcel Mazoyer & Laurence Roudart, Éditions du Seuil (2002)

Agricultures et paysanneries des tiers mondes | Marc Dufumier, Ed. Karthala (2004)

La nature de la pensée | Jiddu Krishnamurti, Presses du Châtelet (2006)

Pesticides: Révélations sur un scandale français | Fabrice Nicolino, Fayard (2007)

L'Émergence des créatifs culturels | Paul H. Ray & Sherry Anderson, Yves Michel (2001)

Les Créatifs Culturels en France | Association pour la Biodiversité Culturelle, Yves Michel (2007)

Le monde n'est pas une marchandise, les paysans contre la malbouffe | José Bové & François Dufour, La Découverte (2000)

The Ecology of Commerce - A Declaration of Sustainability | Paul Hawken, HarperCollins (1993)

Natural Capitalism: Creating the Next Industrial Revolution | Paul Hawken, Little, Brown & Company (1999)

Small is beautiful | Ernst Friedrich Schumacher, Éditions du Seuil (1979)

The Post Corporate World: Life After Capitalism | David C. Korten, Berrett-Koehler Publishers (1999)

Ben & Jerry's Double Dip: How to Run a Values-Led Business and Make Money, Too | Ben Cohen & Jerry Greenfield, Simon and Schuster (1998)

Plaidoyer pour le bonheur | Matthieu Ricard, Pocket (2004)

Les vraies lois de l'économie. Edition Intégrale | Jacques Généreux, Seuil (2005)

Et si on remontait dans l'arbre ?
est édité par La Mer Salée.

Souffle éditorial

Cette toute jeune maison d'édition est née de notre envie de partager nos réflexions, nos expériences, nos idées, nos utopies. Nos livres s'adressent aux citoyens et aux organisations tentés d'explorer de nouvelles voies soutenables, désirables et réalisables. Ils s'adressent à ceux qui ont décidé de ne pas se laisser porter par les vents dominants ; à ceux qui sont prêts à opter pour une route certes moins balisée, mais tellement plus enthousiasmante. Pour penser et agir autrement.

Ancrage local et citoyen du monde

Parce que nous avons jeté l'ancre à Trentemoult, l'autre rive de Nantes, nous attachons une attention particulière à promouvoir les acteurs économiques locaux. Tout est fait à moins de quinze kilomètres. Nos livres sont composés par la société PCA à Rezé et imprimés en métropole nantaise. Nos couvertures sont conçues par Caroline Prouvost.

Les impressions sont réalisées à partir d'encres végétales sur du papier issu de forêts gérées durablement. Une partie des droits d'auteur est consacrée à la compensation carbone de nos déplacements (avec Pur Projet). Ainsi en achetant l'un de nos ouvrages, vous contribuez à la reforestation de la région d'Alto Huayabamba et à la conservation de la forêt de Martin Sagrado au Pérou.

Diffusion et contact

Nos livres sont disponibles en circuit court direct éditeur sur www.lamersalee.com, en librairie et sur plateformes numériques.

Contacts éditeur: contact@alternite.com; compte Twitter: @lamersalee

Pour échanger sur ce livre ou d'autres http://www.lamersalee.com/blog/

Livres parus

- *La Nouvelle Controverse*. Yannick Roudaut, mai 2013
- *L'Utopie, mode d'emploi*. Sandrine Roudaut, avril 2014
- *La Métamorphose bretonne*. Hervé Sérieyx, Franck Delalande, octobre 2014
- *Marketing, les illusions perdues*. Florence Touzé, mars 2015
- *Et si on remontait dans l'arbre?* Tristan Lecomte, octobre 2015

Crédit photo: Christian Lamontagne

Table des matières

conception
réalisation
mise en page
pca
44405 Rezé cedex

PEFC
10-31-1888

Achevé d'imprimer en octobre 2015
par Valpg (Saint-Aignan-de-Grand-Lieu)
Dépôt légal - Octobre 2015